달빛 소나타

국제PEN한국본부 창립70주년기념 산문선집 010

신영애 수필집

International PEN-Korea Center pen

교음사

국제PEN헌장

국제PEN은 국제PEN대회 결의에 따라 다음과 같이 헌장을 선포한다.

1. 문학은 각 민족과 국가 단위로 이루어지나, 그 자체는 국경을 초월하여 그 어떤 상황 변화 속에서도 국가 간의 상호 교류를 유지해야 한다.
2. 예술 작품은 인간의 보편성에 바탕을 두고 길이 전승되는 재산이므로 국가적 또는 정치적 권력으로부터 간섭을 받아서는 안 된다.
3. 국제PEN은 인류 공영을 위해 최대한의 영향력을 발휘해야 하며 종족, 계급 그리고 민족 간의 갈등을 타파하는 동시에 전 세계 인류가 평화롭게 살아갈 수 있다는 이상을 실현하기 위하여 최선을 다해야 한다.
4. 국제PEN은 한 국가 안에서나 또는 세계 여러 나라에서 사상의 교류가 상호 방해 받지 않는다는 원칙을 준수하며, PEN 회원들은 각자 국가나 지역사회에서 어떤 형태로든 표현의 자유를 억압하는 데 반대할 것을 선언한다. 또한, PEN은 출판 및 언론의 자유를 주창하며 평화시의 부당한 검열을 거부한다. 아울러 PEN은 정치와 경제의 올바른 질서를 지향하기 위해 정부, 행정기관, 제도권에 대한 자유로운 비판이 필수적이고 긴요하다는 사실을 확신한다. 이와 함께 PEN 회원들은 출판 및 언론 자유의 오용을 배격하며, 특정 정치 세력이나 개인의 부당한 목적을 위해 사실을 왜곡하는 언론 자유의 해악을 경계한다.

   이러한 목적에 동의하는 모든 자격 있는 작가들, 편집자들, 번역가들은 그들의 국적, 언어, 종족, 피부 색깔 또는 종교에 관계없이 어느 누구라도 PEN 회원이 될 수 있다.

국제PEN한국본부 연혁

국제PEN본부는 1921년에 창립되어 2022년 3월 현재 145개국 154개 센터가 회원으로 가입돼 있는 세계적인 문학단체이다. 국제PEN본부는 영국 런던에 본부를 두고 있으며 특히 UN 인권위원회와 유네스코 자문기구로 현재 전 세계 문인, 번역가, 편집인, 언론인들의 표현의 자유를 옹호하고 인권 문제를 다루고 있는 단체이다.

한국PEN은 1954년 9월 15일 변영로·주요섭·모윤숙·이헌구·김광섭·이무영·백철 선생 등이 발기하여 같은 해 10월 23일 당시 서울 소공동 소재 서울대학교 치과대학 강당에서 창립총회를 열고 국제펜클럽한국본부로 공식 출범하였다. 국제펜클럽한국본부는 그 이듬해인 1955년 6월 비엔나에서 열린 제27차 세계대회에서 정식회원국으로 가입하고 그해 7월에 인준을 받아 오늘에 이르렀으며 2022년 3월 현재 회원 수는 4,000여 명이다.

사)국제PEN한국본부(International PEN Korea Center)는 역사와 권위를 자랑하는 국제적 문학단체로서 회원들의 양심과 소신에 따른 저항권과 표현의 자유를 옹호하고 구속 작가들의 인권문제를 다루며 한국의 우수 문학작품을 번역, 세계 각국에 널리 알리고 우리 민족의 고유문화와 전통문화 등을 해외에 소개하는 한편 세계 각국과 문화 교류 및 친선을 도모하는 데 주도적 역할을 담당하고 있다.

1954. 10. 23.	국제펜클럽한국본부 창립
1955.	제27차 국제PEN비엔나대회에서 회원국 가입 『The Korean PEN』 영문판 및 불어판 창간
1958.	국내 최초 번역문학상 제정
1964.	PEN 아시아 작가기금 지급(1970년 제6차까지)
1970.	제37차 국제PEN서울대회 개최(60개국 참가)
1975.	『PEN뉴스』 창간. 이후 『PEN문학』으로 제호 변경
1978.	한국PEN문학상 제정
1988.	제52차 국제PEN서울대회 개최
1994.	제1회 국제문학심포지엄 개최
1996.	영문계간지 『KOREAN LITERATURE TODAY』 창간
2001.	전국 각 시도 및 미주 등에 지역위원회 설치
2012. 9.	제78차 국제PEN경주대회 개최
2015. 9.	제1회 세계한글작가대회 개최
2016. 9.	제2회 세계한글작가대회 개최
2017. 9.	제3회 세계한글작가대회 개최
2018. 11. 6~9.	제4회 세계한글작가대회 개최
2018. 8. 22.	정관개정에 의해 국제PEN한국본부로 개명
2019. 2.	PEN번역원 창립
2019. 11. 12~15.	제5회 세계한글작가대회 개최
2020. 10. 20~22.	제6회 세계한글작가대회 개최
2021. 11. 2~4.	제7회 세계한글작가대회 개최
2022. 11. 1~4.	제8회 세계한글작가대회 개최

국제PEN한국본부 창립 70주년 기념 선집을 발간하며

국제PEN한국본부는 1954년에 창립되고 이듬해인 1955년 6월 오스트리아의 빈에서 열린 제27차 국제PEN세계대회에서 회원국으로 가입되었다. 초대 이사장은 변영로 선생이 맡고 창립을 주선했던 모윤숙 시인이 부이사장을 맡았다. 이하윤, 김광섭, 피천득, 이한구 등과 함께 창립의 중심 역할을 했던 주요섭이 사무국장을 맡았다.

6·25한국전쟁이 휴전된 지 겨우 1년이 되는 시점에 이루어 낸 국제PEN한국본부의 창립은 매우 깊은 의미를 담는 거사였다. 그동안 국제PEN한국본부는 세 차례의 국제PEN대회와 8회의 세계한글작가대회를 개최하며 수많은 국내외 행사를 주최해 왔다. 이에 내년 2024년에는 창립 70주년을 맞이하게 되어 그 기념사업의 일환으로 PEN 회원들의 작품 선집을 발간하기로 하였다.

여러 가지 기념사업을 진행하지만 회원들의 주옥같은 작품집을 선집으로 집대성하여 남기는 일은 가장 중요하고 의미 있는 일이라 생각한다.

시와 산문으로 구성되는 선집은 우리 한국문학사의 중요한 족적을 남기는 귀중한 역사 자료로서의 가치를 갖게 되리라고 믿으며 겸허한 마음으로 70주년을 자축하는 주요 사업으로 진행하게 된다.

참여해 주신 회원들께 감사하며 어려운 여건 속에서도 기꺼이 출판을 맡아 준 기획출판 오름의 김태웅 대표와 도서출판 교음사 강병욱 대표에게 심심한 감사를 드린다.

2023년 3월

국제PEN한국본부 이사장 김용재

책을 내며

살면서 한 번쯤은 내 얘기를 하고 싶었습니다.
어둠이 서걱서걱 내려앉는 저녁이 되면
손톱만 한 초승달이 걸린 날이더라도
그리 특별할 것도 없는 얘기지만
그런 핑계로 잠시 쉬어갔으면 하는 바람이었습니다.
그렇게 지난날의 상처를 치유하고
마음속에 남아 있는 앙금도 풀어주며
자신에게 위로와 화해를 하는 기회를 주고 싶었습니다.

많이 아프고 힘들었을 우리 모두에게
등을 토닥여 주고, 마음으로 힘껏 껴안으며
서로 살아온 날들을 따뜻한 달빛 아래서 흩뿌리면서
이제는 그만 웃어도 좋겠다고,
사랑한다고 말하고 싶습니다.

책을 내기까지 도움을 주신 많은 분이 있습니다.
부족하고 서툰 제 글에 아낌없는 격려와 칭찬을 주시고
따뜻한 말씀으로 귀한 가르침을 주시는
오경자 교수님께 감사드립니다.

아울러, 항상 반갑게 맞아주시고 문우의 정을 나누어주신
고려대학교 평생교육원 수필반 문우 선생님들과
월간 『수필문학』의 강병욱 대표님,
칭찬을 아끼지 않으신 류진 편집장님,
그리고 이민호 선생님 감사드립니다.
바쁜 일상에서도 목요일만 되면
학교 가라고, 늘 잘하고 있다고 용기 주신 회사 대표님,
그 외 오늘이 있기까지 많은 도움을 주신
내가 사랑하고 사랑해 주시는 모든 분에게 감사드립니다.

마지막으로, 책이 나오기까지 순간순간 함께한 사랑하는
내 가족들에게 가슴 깊이 고마움을 전합니다.

2023년 11월

저자 신영애

차례

2. 맛있는 시간들

3. 누군가에게 무엇이 되어

4. 삶은 공사 중이다

1

달빛 소나타

훗날 지금을 기억한다면

큰 의미를 두지 않고 하는 말들을 마음에 담고 듣는 이가 있다. 그것은 아마 그의 마음 어딘가에서 간절함이나 절실함이 은연중에 나타나는 것으로 생각한다. 내가 그랬다. 항상 계획 없이 훌쩍 떠나는 여행을 꿈꾸던 나였다. 그날도 '여행 가고 싶다'라는 말을 듣는 순간, 내 눈은 반짝였고, 그 마음이 간절하게 다가왔다. 늘 뭔가 한 발짝 늦는 듯한 내가 할 수 있는 것은 그저 내 마음을 적극적으로 알리는 것뿐이었다. 그렇게 어쩌면 느닷없이, 어쩌면 계획했었던 여행을 가게 되었다. 그것도 큰 딸아이와 둘이.

그날부터 일상의 공기는 깃털처럼 가볍고 빠르게 움직이기 시작했다. 누가 물어보지도 않는데 다가가 손을 잡고 자랑하고 싶었고, 얘기해 주고 싶었다. 드디어 내가 여행을 간다고, 어쩌면 내 인생의 최고의 여행일 것 같다고. 늘 남의 이야기 같았던 여행이었기에 계획만 잔뜩 늘어놓고 마음속에 차곡차곡 쌓아 놓았는데, 이제 그 열망의 보따리를 풀어 헤치기만 하면 되었다.

비행기 예약을 하고, 여권을 신청하고, 이런저런 자질구레한 준비 과정이 나에게는 생일파티를 앞둔 어린아이처럼 마음을 들뜨게 하기에 충분했다. 특히 여권을 신청하기 위해 사진관에 들렀을 때는 너무 환하게 웃어 표정 관리를 여러 번 수정해야 했다. 또한, 여행하기 하루 전에는 엄청 추운 날씨에 매서운 바람까지 불어, 눈물과 콧물로 범벅인 채로 PCR 음성확인서를 받기 위해 검사를 받으러 가면서, 다음 날 무사히 여행을 떠날 수 있도록 간절히 기도했다.

짝사랑하는 애인과 함께 떠나는 여행처럼 나는 설레었다. 독립한 지 얼마 되지 않은 큰아이의 방을 볼 때마다 허전하고 쓸쓸한 마음을 어찌할 수가 없었는데, 이제 5일 동안 함께 있을 수 있다니. 아이는 편하게 갈 수 있는 패키지여행을 마다하고, 스스로 계획한 여행 계획서를 내밀면서 나를 한껏 기대에 부풀게 했다. 엔화를 어떻게 준비해야 하는지, 짐은 어떻게 꾸려야 하는지, 그곳 날씨는 어떠한지, 수시로 내게 알려주고 확인했다.

이국의 거리를 거닐면서, 이색적인 문화와 초겨울 날씨 같은 공기가 여행을 즐기기에 더없이 좋았다. 우리는 아침 9시 전에 출발해서 밤늦게 호텔에 돌아올 때까지 밤낮으로 인파가 몰린 그 초행길을 즐기기에 바빴다. 크리스마스 계절답게 휘황찬란한 조명과 요란하고 시끌벅적한 소음들. 그 속에서 갖는 우리만의 시간은 그냥 여행이라고 하기에는 그저 부족할 뿐이었다. 하루 종일 함께 하면서, 우리는 지금까지 살아오면서 했던 그 어떤 대화보다 의미 있는 말을 많이 했고, 서로를 이해하는 시간이 되었다. 아무것도 하지 않고 그냥 늘 낙지처럼 흐느적거리며 시간을 보내고 싶다던 우리는, 숙제하듯이 코스를 밟는 여행이 아닌 순전히 우리들만의 시간 속에서 오롯이 즐기며 보냈다.

편리하게 영어로(혹은 한국어로도) 표기되어 있어서 지하철을 타고 다니거나, 한두 정거장 정도는 걸어 다녔다. 지도를 보고 찾아가는 여행지 속에서, 기대하지 않았던 맛집을 만나고 거기에서 박장대소를 하며 우리의 삶을 충전시켰다. 서두르지 않고도 다 할 수 있다는 것이 어떤 것인지를 알게 해 주었고, 결국 우리가 원했던 것은 마음의 여유를 찾는 시간이었는데, 우리는 잘 해냈다.

혹시 아이가 계획한 대로 잘되지 않으면 어떻게 하나, 걸음 속도를 잘 따라가지 못하면 어떻게 하나 걱정도 있었다. 그런 내 마음을 눈치라도 챈 듯이 아이의 섬세한 마음이 느껴지던 순간이 있었다. 유니버설 스튜디오 저팬에 갔을 때의 일이다. 이곳저곳 볼 것 많고, 즐길 것도 많아서 밥 먹는 시간조차 아껴가면서 즐겼다. 놀이기구를 타기 위해 2시간가량 기다리던 중이었다.

서서히 발바닥은 불이 난 듯이 아프고 허리도 아프기 시작해 아이한테 몇 마디 투덜거렸다. 어쩔 줄 몰라 하는 아이의 눈빛을 보는 순간 아차 했지만 이미 늦었다. 재미있게 놀이기구를 타고 나오자 아이가 두리번거리면서 자리를 하나 마련하더니, 자신은 기념품 가게에 갔다 올 테니 잠시만 앉아 있으라고 했다.

여행지에 가는 곳마다 한국에 있는 지인들에게 줄 선물을 샀기에 그런가 보다고 생각했다. 잠시 후 돌아온 아이의 손에는 빨갛고 예쁜 폭신한 슬리퍼가 들려 있었다. "엄마, 신발 벗어봐. 그리고 이거 신어 봐." 한다. "이거 사러 갔다 온 거야?" 묻는 내게 발이 편해야 한다면서 슬리퍼를 신겨 주었다. 아이를 키우면서 내 감정을 절제하지 못하고 싸웠던 순간들이나, 상장을 받고 휘날리며 내게 뛰어오는 아이를 반기며 안아주었던 그런 감정들과는 확연히 달랐다. 나는 보호자였는데, 아이가 나를 보호하고 있다는 느낌이었다. 이토록 편안하고 아늑하며 한없이 너그러운 느낌이라니. 이 녀석이 언제 이렇게 자랐을까. 기뻐도 눈물이 나올 수가 있다니.

고작 5일 동안의 여행이었는데, 고단한 현실을 위로하면서 천금 같은 휴식이 되었고, 따뜻한 위로를 남겼다. 때로 여행은 돌아온 후에도 끝나지 않고 긴 여운을 남겨준다. 은은한 향수처럼 내 주위를 맴돌고, 사랑에 빠진 사람처럼 혼자 헤죽헤죽 웃게도 만든다. 천년만년, 이 감정이 그대로 가지는 않겠지만, 그래도 얼마나 좋은가. 온전히 우리의 선택으로 보냈던 여행길의 추억이 차곡차곡 쌓여 신뢰감이 충만해졌으니. 누군가에게는 너무도 흔하디흔한 여행일 수도 있겠지만, 바쁜 일상에서 허덕이며, 늘 '다음에'만 외쳤던 나에게 설렘과 떨림 그 자체로 출발한 이번 여행은, 추운 날 얼음 낀 논에서 썰매를 타는 아이의 발그레 한 볼처럼 감출 수 없는 행복이었다.

훗날, 지금을 기억한다면 내 삶에서 보석처럼 빛나는 날들이었다고 말할 수 있지 않을까. 그날의 추억이 담긴 사진들을 보고 있노라니 해맑게 웃고 있는 우리들이 있다. 내 나이쯤 된 아이가 그날을 떠올리며 뚫어지게 내 사진을 보고 또 보는 모습이 어른거린다. 이런 게 행복 아닐까. 새삼 아이는 어떤 마음이었을까 자못 궁금해지는 저녁이다.

(2023. 2. 4.)

첫 영화 구경

왁자하던 그리움이 마음 언저리에서 머물다가 어느 순간 공허함으로 고요해지는 순간이 있다. 텅 빈 순간. 아득히 먼 그 시절의 내가 되어 또 다른 나를 보고 있다. 오랜만에 아이들과 영화를 보고 나오는 길이었다. 비가 온다는 얘기가 없었는데 여름 소나기처럼 세차게 퍼붓고 있었다. 우산을 사야겠다는 생각에 편의점으로 걸음을 옮겼다.

그때 큰아이의 목소리가 귓가로 들려왔다. "아빠~ 우리 영화 구경 왔다가 가려고 하는데, 비가 너무 내려요. 우리 좀 데리러 와 주실 수 있어요?" 순간 내가 놀라 아이에게 손사래를 쳤다. 밤 10시가 조금 넘긴 시각이지만, 별일 없으면 일찍 잠자리에 드는 남편이라 못 오겠다고 하면 아이가 속상해할 것이 뻔했다. "그냥 우산 사서 쓰고 가자. 아빠 지금 주무실 텐데.” 했더니 “아빠가 곧 오신대요.” 한다. 참 내, 내가 좀 늦은 시각 데리러 와달라고 하면 나를 태우고 집에 갈 때까지 잔소리해대면서 아이의 말에는 군말 없이 나섰는가 보다. 아빠가 뭐라고 하시더냐 묻는 말에 조금만 기다리라고 했다니 딸 바보는 확실하게 맞기는 하다.

영화 구경을 좋아하는 건 아버지를 닮았다. 형제 중에 아버지를 닮은 자식은 작은오빠와 나뿐이라고 한다. 엄마가 돌아가시기 전에 중환자실에 누워계실 때 작은오빠가 병실에 들어서면 엄마의 눈동자가 커지고는 했다. 지금의 오빠 나이쯤 돌아가셨으니, 엄마가 기억하는 아버지의 모습은 딱 그러한 듯했다.

내가 기억하는 아버지는 엄마와 그리 살가운 모습은 아니었지만, 퍽 다정하신 분으로 기억한다. 평소에는 그냥저냥 여느 집 부부처럼 데면데면하셨지만, 어쩌다가 시장에 가시면 엄마가 좋아하는 과일을 자전거 뒤에 싣고 들어오시는 정도였다. 오늘은 뉘 집에서 소를 잡는다고 엄마가 말씀하시면 아버지는 해거름에 외출하셨다가 소고기 한 덩이와 간이나 천엽을 담아오고는 하셨다. 내가 천엽을 먹을 수 있는 건 그때 아버지 코밑에서 받아먹은 덕분이다.

아버지는 내가 중학교에 들어가서도 일 년에 한 번 단옷날이 되면 강릉 단오제에 나를 데리고 다니셨다. 단오장에서 친구분들을 만나 술을 한잔하신 뒤 내 손에 사탕 봉지와 내가 좋아하는 문구류를 쥐여 주시면서 함께 어둑한 밤길을 걸어왔다. 약주를 하셔서 기분이 좋으신지 아버지는 꼭 노래를 부르곤 하셨는데, 이것 또한 내가 닮은 모습이다. 나는 술은 잘하지 못하지만, 어쩌다 모임에서 한잔하면 당연히 노래를 부르고는 한다. 다른 형제들은 아버지가 술을 드시면 꼭 나만 찾으셨다고 얘기를 하면서 부러워했으나 나는 가끔 싫어했다는 것을 아버지가 눈치채신 듯, 내 손을 잡고 길을 걷다가 멈춰서서 나를 가만히 내려다보시다가 다시 내 손을 꼭 잡고 비틀거리면서 걸으셨다. 조금은 쓸쓸하신 듯해서 아버지께 잘 해드려야겠다는 생각을 많이 했다.

아마 네댓 살 되었을 무렵일 텐데, 평소에는 초저녁잠이 많고 새벽잠이 없던 내가 어쩐 일로 늦은 저녁까지 깨어 있었다. 외출 준비를 하는 엄마 옆에서 아버지가 팔을 휘저으시며 따라나서자고 하셨다. 엄마도 애를 데리고 어디를 가느냐고 하지 않으신 것을 보면 어린 내가 가도 되는 자리인가 보다 생각했다. 그렇게 양손에 엄마와 아버지의 손을 잡고 따라나선 길은 다름 아닌 영화 보러 가는 길이었다.

내 기억 속의 「미워도 다시 한번」 영화를 보기 위해 아버지는 나를 안고 엄마와 함께 극장에 들어섰다. 온통 깜깜한 장소에서 내가 놀랄까 봐 나를 미리 안고 들어가셨다. 엄마 무릎에 앉아 아버지가 어둠 속에서 내 손에 쥐여 주시는 군밤을 먹던 기억은 지금도 행복한 추억이다. 영화 구경이 끝나고 어둑한 밤길을 걸을 때면 엄마는 나를 등에 업고 아버지와 두런두런 말씀을 나누셨는데, 나는 그때 아버지가 표현은 하지 않으셔도 아주 많이 다정하신 분이라고 생각했다.

나중에 엄마와 얘기하면서 그때 그런 일을 기억하시냐고 물었더니 엄마는 엊그제 있었던 일처럼 얼굴에 웃음꽃을 가득 피운 채 수줍은 듯 빙그레 웃으셨다. 나의 첫 영화 구경이었고, 그때부터 영화 구경을 좋아하는 건 순전히 아버지의 영향이라고 확신했다. 어린 나이였지만 엄청 존중받고 사랑받고 있다는 느낌이었다.

나는 남편 대신 딸아이들과 영화 구경을 간다. 아이들이 어렸을 때는 영화 구경이나, 연극, 뮤지컬도 많이 보러 다녔다. 영화가 시작되고 30분 이내에 어김없이 코를 고는 남편은, 몇 해 전 유명한 영화 「맘마미아」와 「타이타닉」을 끝으로 지금은 그저 아이들과 다녀오라고 한다. 남편이 운전하는 조수석에 앉아 옆모습을 본다. 공허한 마음 한구석이 따뜻함으로 차오른다. 뒷좌석에 앉은 아이들이 다음에는 아빠도 함께 갔으면 좋겠다고 한다. 이제는 군밤이 아닌 팝콘 한 봉지를 사서 품에 안고 영화관에 들어서는 생각을 해본다. 아빠와 함께 영화 구경을 한다는 것이 어떤 추억인지 너무나도 잘 알기에.

(2022. 11. 30.)

아낌없이 주는 나무

어릴 적 우리집 마당 끝에 고욤나무 한 그루가 있었다. 내가 태어나기 훨씬 전부터 있었던 나무다. 감나무도 아니고 왜 하필 고욤나무였을까 생각도 했지만, 한 아름으로도 안아지지 않는 그 나무가 나는 참 좋았다. 봄이면 항아리 모양의 작은 연노랑 꽃을 피우는데, 그 감꽃을 따서 목걸이를 만들어 놀기도 하고, 구슬 크기의 작은 황갈색 열매가 나무 가득히 열리는 가을이면, 떫고 맛도 없는 그 고욤나무 열매를 따다가 소꿉놀이하던 기억이 난다. 한여름이면 동네 아주머니들이 모여 고욤나무 아래에 자리를 깔고 삶은 감자와 옥수수를 나눠 먹으며 시간을 보내는 모습을 종종 봤다. 또한, 어디를 가리킬 때면 어김없이 고욤나무가 기준이 되어 왼쪽 오른쪽을 결정하기도 했다.

나는 엄마한테 꾸중을 듣는 날이면 고욤나무를 끌어안고 억울한 내 마음을 얘기하고는 했다. 이렇게 집 앞 고욤나무는 소꿉놀이 재료도 되어주고, 사람들에게 기대어 쉴 수 있는 휴식처도 되어주었으며, 특히 나에게는 친구 같은 존재였다. 서울 도심 속 가로수 나무를 볼 때마다 마치 화려하고 녹음이 우거지던 그 시절은 잊어버린 듯이 잎들을 훌훌 털어버리고 찬바람을 맞으며 우뚝 서 있는 모습이, 비록 무뚝뚝하지만 베풀고 견디면서 제자리를 지키는 고향 집 고욤나무를 떠올리게 했다.

직장을 다니는 엄마를 두고도 두 딸은 고등학교 졸업 때까지 집안일에 손을 대지 않았다. 아니 정확하게 말하자면 내가 시키지 않았다. 남들은 어릴 때부터 해봐야지, 그것도 나이 들어 가르치려 들면 머리 커진 자식들이 쉽게 배우려 하겠느냐고 하지만, 어떤 일이든 시간이 지나고 필요해지면 배우게 되고, 알게 된다는 생각이었다. 살림에 관한 한 할 수 있는 게 거의 없던 나도 썩 잘하는 살림은 아니지만, 그래도 주부행세 정도는 하고 산다. 집에서 살림만 했다면 분명 팔 걷어붙이고 열심히 했겠지만, 일한다는 핑계로 나 역시 부족함 투성이의 삶을 살았으니 뭐라고 할 말은 없다.

예전 나의 어릴 때를 생각하면 지금은 편하고 좋아진 세상이어서 마음만 먹으면 다 하게 된다는 생각이다. 대학을 졸업하고 직장을 다녀도 재택근무를 하니 아침마다 스스로 일어나지 못해 출근하기 전에 깨워줘야 하고, 점심을 챙겨 먹기 귀찮아하니 대부분 배달해서 먹기 일쑤였다. 가끔 주위에서 다 큰딸들이 집안의 일을 어떻게 한다는 얘기를 들을 때면 남편은 '대기만성'을 얘기했고, 나는 그 말을 거기다가 붙이느냐고 눈을 흘겼다.

요즘처럼 젊은이들에게 일자리가 없어서 청년 구인난이 화두인 세상에서 대학 졸업 전에 취업해 준 것만도 다행이라고 생각했다. 그랬는데 드디어 큰아이가 지난달 회사 근처로 독립하겠다고 했다. 이유는 엄마의 잔소리가 듣기 싫어서, 회사 밥이 맛있어서였다. 어차피 한번은 겪어야 할 일이었다.

우리는 함께 집을 보러 다녔고, 그 어느 때보다 깊이 있는 얘기를 많이 했다. 집안일을 어떻게 해야 하는지(하다못해 세탁기도 돌려본 적이 없으니) 얘기도 해주고, 건강과 안전에 대하여 항상 신경써야 함도 강조해 주었다. 그러나 아이는 엄마의 잔소리를 피해 혼자 살 생각과 자기만의 오롯한 공간을 어떻게 꾸밀지 기대가 많은 모양이었다.

그렇게 독립한 아이의 텅 빈 방을 보고 있노라니 울컥함이 밀려오면서 학교 졸업하고 처음 서울로 올라올 때의 내가 생각이 났다. 엄마도 이런 마음이었겠구나! 생각이 들었다. 두렵기도 하고, 걱정도 되고, 막막했던 서울살이. 부딪치면 스스로 하게 될 거라고 막연하게 생각했는데, 지나고 보니 서툰 거 투성이었다. 엉성하게 20대를 보내는 동안 엄마를 참 많이 그리워했다는 생각이 났다. 아이를 분당에 두고 오면서 아쉬운 마음에 어렸을 때 안아보고, 언제였는지 기억도 없는데, 새삼스레 아이를 안고 한참을 있었다. "걱정하지 마, 자주 들를게." 품 안에 있을 때나 자식이라더니, 이런저런 걱정스러운 잔소리조차 듣기 싫다는 표정이다. 보고 싶을 거라는 말에 'K-장녀의 애환'을 얘기한다. 고얀 녀석.

그랬는데 이사한 지 이틀째 되던 새벽에 가족 단톡방에 카톡이 와 있었다. 지난밤에 쓰레기를 버리러 가다가 넘어져서 걷지를 못한다는 것이다. 출근하려던 발길을 돌리고 부랴부랴 아이한테 갔다. 다행히 뼈나 인대에는 이상이 없고 약간 놀랐다며 반깁스했다. 놀란 가슴을 쓸어내리는 나의 눈길을 보더니 이만하길 다행이라고 되레 큰소리다. 어이가 없다. 낮에는 근무하느라 미처 풀지 못한 책 상자와 아이의 깁스한 다리를 보고 있노라니 마음마저 심란했다. 주말에 남편과 같이 가서 책 상자를 정리했다. 아이의 책 속에서 어릴 때 침대 머리맡에서 읽어 주었던 쉘 실버스타인의 동화책 『아낌없이 주는 나무』를 발견했다. 엄마가 읽어 주던 동화 얘기를 하면서 그 시절이 그립다고 한다.

아낌없이 베푸는 나무 같은, 함께 기뻐하고 즐거워하는 엄마가 되고 싶다. 내 가지가 필요하고, 내 열매를 먹고 자라고, 내 그늘에서 쉬다가 나의 마지막 밑동마저 편히 쉴 수 있도록 기꺼운 마음으로 내어줄 수 있다면 좋을 텐데. 자신의 인생길 위에서 꿈을 펼치면서 가다가, 힘들고 지칠 때 나를 찾아와 마음의 위안을 얻고, 편히 쉬어갈 수 있다면 참 좋겠다.

자식은 낳은 순간부터 기다림의 연속이라고 하지만, 어쩌면 아이들을 낳아 키우는 동안 때로는 아이들이 내게 나무 같은 존재였다. 행복한 날은 더 큰 기쁨으로 나를 들뜨게 하고, 힘들고 지칠 때면 굳세게 일어날 힘과 용기를 주는 그런 존재. 생각만으로도 가슴속에 따스함이 솟아나면서 아쉬움 없이 노력하고픈 그런 존재다. 오늘은 아이에게 카톡 대신 편지를 써야겠다. 사랑한다고.

바다는 잘 있습니다

아이들 대학 졸업할 때까지 살던 일원동을 떠나 자양동에 자리를 잡았다. 남편은 직장과 가까워 무조건 좋아했고, 젊은이의 거리라고 하는, 건대 입구와 가깝다는 이유로 아이들은 틈만 나면 이사 오길 잘했다고 했다. 내가 좋아하는 재래시장도 있고, 영화관도 걸어서 10분 이내에 두 개나 있으며, 시간 보내기 최고라는 백화점도 집 가까이에 있는 데다가, 무엇보다도 출근 거리가 일원동에 비하면 훨씬 가까워졌지만 나는 왠지 낯설고 정이 가지 않았다. 어느 날, 큰아이가 한강 유원지 길을 걷다가 엄마가 좋아할 만한 공간을 찾았는데, 이러쿵저러쿵 설명하는 것보다 직접 보는 게 확실하다며 다음에 갈 때 꼭 같이 가보자고 했다.

습기가 끈적하게 온몸을 휘감고 돌던 어느 여름날 밤.

아이들과 한강 유원지 길을 걷게 되었다. 강바람이 어깨에 스쳐 가면서 더위를 식혀줄 무렵. "여기야, 엄마. 내가 제일 좋아하게 된 최애 장소야." 한다. 한강 유원지 길가에는 혹시라도 있을 위험을 막기 위해 사람의 접근을 통제하도록 줄을 쳐 놓았는데, 그곳은 얕은 내리막길이면서 물 가까이 다가갈 수 있게 되어 있었다. 마치 조수간만이 있는 서해 바닷길에 배를 댈 수 있도록 해 놓은 듯. 순간 나도 모르게 "야~ 바다다." 환호성을 질렀다. 그렇게 자양동과 친해졌다.

고향을 떠나오고 나서 많이 생각났던 것 가운데 하나가 바다였다. 집에서 한 시간 거리면 드넓은 바다를 볼 수 있었고, 특히 한겨울의 살을 에는 듯한 매서운 바람이 부는 바다가 좋았다. 사람들 속에서 이리저리 차일 때마다 늘 그곳에 가고 싶은 마음이었다. 물 공포증이 있어서 평생 수영을 배우지 못한 탓에 한여름 바닷가의 추억보다는 그저 걷고 바라보는 그런 바다가 그리웠다. 중학교 3학년 겨울, 아버지가 돌아가시고 슬픔에 휘청거릴 때, 내 친구는 바닷가로 나를 데리고 가서 푸르다 못해 시린 암녹색의 겨울 바다를 보며 자기 부모님은 한날한시에 돌아가셨다고 덤덤하게 말했다. 친구의 슬픔을 핑계 삼아 나는 오열했다. 그때 바다는 슬픔이었고, 위로였으며, 어쩌면 그리움 같은 거였다.

지난달, 엄마를 보러 가는 길이었다. 여름이 다 가도록 제대로 쉬어본 기억도 없이 일 년의 절반이 훌쩍 가버렸다. 누가 한마디라도 하면 그냥 와르르하고 무너질 듯 겨우 버티며 지나온 시간이었다. 몸과 마음이 모두 지쳐가고 있어, 문득 왜 이리 치열하게 사는 걸까 고민하고 있었다. 나이가 들어갈수록 몸이 힘이 들면서 나의 열정은 쇠퇴해져 가고, 가끔 불쑥불쑥 고개를 드는 예민함이 취약해진 내 마음의 빈틈으로 파고들었다. 그런 속내를 들키지 않으려고 애써 마음을 다잡고 지내다가도 어느 순간 스스로 못난이 같아서 자책하기 시작했다.

잃어버린 나를 찾기 위한 시간이 필요했다. 고향 바다가 자꾸만 나를 부르고 있었다. 그냥 머릿속에는 바다를 보러 가야겠다는 생각뿐이었다. 근처에 예쁘고 아기자기한 커피 향 내 가득한 카페가 많이 생겨났다. 카페에 앉아서 바다를 바라보았다. 멍하니. 오빠가 문득 "바다에서는 그냥 아무 말하지 않고 멍하니 있는 게 최고인 것 같아." 한다. 바다의 짠내가 훅 밀려왔다. 바다를 찾는 사람들에게서는 조급함이 없는 듯하다. 눈에 드러나지 않은 나의 힘겨움이 보인 걸까. 마음속에서 끓던 분노가 가라앉고 평화로워지기를 기다렸다. 카페를 나와 맨발로 바닷가를 거닐면서 발가락 사이로 빠져나가는 모래를 마주하고 파도 소리의 리듬에 맞춰 춤을 추었다. 나 자신을 좀 더 떨어져서 객관적으로 바라보기로 했다. 홀로 무엇을 어떻게 해보겠다고 애쓰기보다 있는 그대로의 현재의 상태에서 내 역할을 충실하게 해내기로 했다. 바다는 그냥 공감이었고, 위로였으며, 휴식이었다.

바다는 늘 그랬다. 그늘을 그리워하고, 온몸을 불길로 만들어 놓는 더위를 식히기 위한 나그네에게 가던 길을 멈추게 하고 있다. 에메랄드빛 위로 무심한 듯 햇살 한 줌이 흐드러지게 피어나고, 너무 눈이 부셔서 서러운 미련의 시간이 수평선 너머에서 하얀 포말이 되어 내게 말을 걸어온다. 비워내고 비워내라고, 그래야 다시 담길 수 있다고. 바다는 여전히 그냥 그 자리에 있다. 이리저리 흔들리고 휘청거리고 나면 부스스해진 마음을 추스르고 다시 바다에 갈 것이다. 그때까지 바다는 잘 있기를 바라며.

(2022. 9. 28.)

빨간 운동화

"나 신발 한 켤레만 사다오. 그냥 다른 사람 말고 네가 꼭 사 주었으면 좋겠는데."

몇 해 전 친정엄마를 뵈러 갔을 때였다. 언니와 함께 쇼핑하고 나오는 길이었는데, 잠시 앉아 있던 자리에서 엄마는 뜬금없이 신발 하나 사 달라고 하셨다. 어디 마음에 두신 신발이 있으신 거냐고 여쭈어보니, 엄마는 아주 오래전부터 마음에 두신 듯 불편하신 걸음으로 천천히 나를 데리고 가셨다. 고무 밑창이 튼튼해 보이는 할머니들이 많이 신으시는 듯한 평범한 신발이었다. 나는 더 좋은 신발이 없냐고 가게 사람에게 물어보았다. 그러자 엄마는 "그냥 이 신발이면 돼." 하셨다. 내가 사 드린 신발을 보시면서 엄마는 "좋은 데 갈 때만 아껴 신어야지." 말씀하셨다. 다음에도 또 사드리겠다고 말씀드려도 여든을 바라보시는 엄마는 "아, 좋다. 참 좋다"를 연신 말씀하셨다.

어린 시절 엄마 손 잡고 시장 구경 가는 것이 참 좋았다. 사랑이 많으신 엄마는 장을 다 보고 나시면 언제나 그랬듯이 호떡이나 감자떡 같은 군것질거리를 사 주곤 하셨다. 그날따라 나는 이런 것들이 다 맛이 없었다. 시장 입구에 위치한 신발가게에서 본 빨간 운동화가 자꾸 생각이 났기 때문이다. 새 신발을 갖고 싶었던 작은오빠가 며칠 전 고무신을 시멘트벽에 대고 비비면서 한 말이 생각이 났다. "이렇게 하면 밑창이 빨리 닳아서 엿 바꿔 먹을 수 있어. 그럼 나도 엄마한테 새로운 운동화 하나 사 달라고 할 거야." 오늘은 엄마가 작은오빠 운동화를 사 주실 거라는 생각에 어쩌면 나도 새 신발을 함께 사 주시려나 생각했다. 그러나 엄마는 작은오빠 신발만 사셨다. 내가 자꾸만 쳐다보던 빨간 운동화 따위는 안중에도 없다는 듯이. 나는 왠지 억울했다. 이게 아닌데, 나 저 신발 갖고 싶은데.

마음 깊은 곳에 점 찍어둔 빨간 운동화를 그냥 두고 돌아서는 어린 내 마음은 억울함이 가득했다. 집에 오는 내내 훌쩍거리는 것도 모자라 밥도 먹지 않고 감자떡을 한 입 베어 문 입 모양을 한 채로 있었다. 그렇게 며칠 동안 빨간 운동화에 대한 상사병으로 눈물바다를 만들고 있는 나를 보다 못한 엄마는, 다음 날 장날도 아닌데 나를 데리고 시장엘 가셨다. 엄마는 며칠 전 작은오빠 운동화를 샀던 기억을 애써 떠올리며 아저씨한테 단돈 몇 푼이라도 깎아 볼 흥정을 하셨다. 신발가게 주인은 사실 그 빨간 운동화는 주인아저씨의 딸을 위해 사 온 거라고 하셨다. 그런데 사이즈가 작아서 그냥 팔려고 내놓은 것이라고 하면서 인연은 따로 있었다는 듯이 예쁘게 잘 신으라고 하셨다. 아직 눈물 콧물이 채 마르지 않은 어린 나는 그렇게 갖고 싶었던 빨간 운동화를 신고 언니 오빠들에게 자랑하며 뽐내고 다녔다. 새로 산 운동화를 아까워하며 아껴 신던 작은오빠와 달리 나는 문밖을 나서는 일만 있으면 어김없이 그 빨간 운동화를 신고 멋을 내며 다녔다.

좋은 신발은 좋은 곳으로 인도한다는 믿음은 그 신발을 신고 훨훨 꿈을 펼치며 살기를 바라던 간절한 엄마의 마음이었다. 엄마가 돌아가시고 유품을 정리하다가 방 한구석에서 몇 해 전 내가 사 드린 그 신발을 발견했다. 밑창을 보니 신으신 듯한데 상자 안에 고이 놓여 있었다. 신발을 들고 생각에 잠겨 있는데 동생이 오더니 엄마는 그 신발을 신고 외출했다가 돌아오시면 손으로 탁탁 털은 다음 다시 그 상자에 넣어둔다고 했다.

지난여름 남편 생일날 아이들은 생일 선물로 운동화를 선물했다. 해외 배송 상품이어서 날짜를 미리 계산했어야 하는데 깜박하는 바람에 생일이 한참 지나서야 받았다. 한눈에 봐도 비싸고 튼튼해 보이는 멋진 운동화였다. 그런데 웬일인지 정작 남편은 그 운동화를 신발장에 고이 올려두기만 할 뿐 신을 생각이 없는 듯했다. 애들은 자기들이 선물한 운동화를 마음에 들어 하지 않는 듯하다며 걱정했다. "왜? 신발이 마음에 안 들어? 내가 신을까?" 슬쩍 물었더니 어림없는 소리 생각하지도 말라는 표정이다. 요즘은 그 운동화만 신고 다닌다.

부모는 언제나 자식에게 더 주지 못해서 마음 아프고, 자식 주머니에서 나온 모든 것은 아깝고, 소중하고, 귀하다는 것을 부모가 되고서도 한참 후에야 어렴풋이 알게 되었다. 어릴 적 그렇게 갖고 싶었던 빨간 운동화를 사 주셨던 엄마에게, 내가 사 드린 신발도 그런 의미가 아니었을까. 오늘따라 투병 끝에 갑자기 돌아가신 엄마가 무척 그립다.

(2022. 9. 22.)

달팽이 걸음

"빨리 좀 걸어. 왜 이리 느릿느릿하니? 엄마하고 같이 가기 싫은 거야?" "엄마가 너무 빨리 가니까 그렇지." "네가 엄마하고 같이 가고 싶으면 엄마 걸음에 맞춰 쫓아와야지. 뭐 하는 거야?" 바쁘게 걸음을 내딛다가 뒤돌아보았다. 초등학교 저학년으로 보이는 남자아이와 엄마가 앞서거니 뒤서거니 하면서 걷고 있었다. 함께 가려면 엄마가 보폭을 줄여야 할 것 같은데 엄마는 마음이 급한가 보다.

아이들이 어릴 때 집에 달팽이를 키운 적이 있다. 마트에서 사 온 상추에서 나왔는데 꼬물꼬물 움직임이 신기한지 아이들이 키우고 싶다고 하여 그러라고 했다. 혹시 목이 마를까 봐 욕조에 물을 흠뻑 묻힌 상추를 두기도 하고, 오이도 얇게 썰어서 두기도 했다. 과일 껍질이 나오면 주변에 놓아주기도 했는데 저렇게 느릿느릿 걸으면서 언제 먹으려나 했다.

그런데 몇 시간씩 잊고 있다가 보면 상추를 갉아 먹고 가로질러 저만큼 욕실의 벽을 타고 있기도 하고, 그러다가 다시 바닥으로 내려와 오이를 먹었는지 실처럼 가는 초록 똥의 흔적을 남기기도 했다. 나날이 커가는 달팽이가 신기했다. 유리 위에 올라가도록 하여 달팽이의 이빨을 구경하기도 하고, 느릿느릿 걸으면서도 먹을 거 다 먹고 참 부지런히 움직인다며 칭찬을 해 주었다. 달팽이는 어느 시인의 노래처럼 '나, 사과만큼 거리를 갔어요' 하는 듯 부지런히 움직였다.

어느 날, 1박 2일 가족여행을 계획하면서 이 살아서 꼬물거리는 생명체를 어찌할까 고민했다. 그렇다고 데리고 간다는 것도 좀 그래서 야채를 넉넉하게 두고 습기도 충분하도록 분무하고 갔다. 여행을 다녀오자마자 아이들은 달팽이의 안전을 먼저 살폈다. 그런데 달팽이가 눈에 보이지가 않았다. 세상에 하룻밤 사이에 욕실을 지나 거실을 지나 집 밖으로 나갔다고? 의아해하면서 이리저리 찾았다. 달팽이를 데리고 갈 걸 두고 가서 이런 사달이 났다고 아이들은 실망하는 빛이 역력했다.

다음 날 학교에 가면서 아이들은 달팽이가 돌아왔으면 좋겠다고 했다. 우선 엄마가 이리저리 다 찾아볼 테니 걱정하지 말라고 안심을 시켰다. 아무리 찾아도 달팽이는 보이지 않고, 사라진 달팽이를 대신해서 어디서 달팽이를 다시 구해 와야 하나 생각했다. 그렇다고 달팽이를 만나기 위해 매일 상추를 사 올 수도 없는 노릇이었다. 하는 수 없이 아이들에게 달팽이가 집을 나간 모양이라고 했다. 그랬더니 그렇게 느릿느릿 걸으면서 어떻게 집을 나갔는지 신기하다며 반신반의했지만 하는 수 없었다. 지나간 자리에 희미하게 남아있는 실선을 따라가 보니 그 끝에 죽은 채 멈춰있는 달팽이가 있었지만, 차마 그 사실을 말할 자신이 없었다.

아이들이 커가면서 그 일은 잊었다고 생각했다. 둘째 아이가 중학교 시절 외출하다 돌아오는 길이었다. 아이는 지쳤는지 뒤처져서 걷고 있었다. 나는 빨리 가서 쉬고 싶은 마음에 내 손을 잡고 가자고 재촉했다. 그러자 아이가 "엄마, 나는 지금 달팽이예요. 천천히 걷다 보면 어느 순간 집에 도착해 있을 거예요." 했다. 자신의 생각에는 열심히 걷고 있는데 자꾸 재촉하는 엄마가 서운하다는 듯했다. 나는 하하하 웃으면서 "그래그래 달팽이 딸이니 엄마도 달팽이지 뭐. 급할 게 뭐 있어? 천천히 가면 되지." 했다.

우리는 살아가면서 많은 부분을 비교하고 상처받고 슬퍼하며 살기도 한다. 남들보다 늦다고 해서 슬퍼하거나 조급해하지 않았으면 한다. 언제 가려나 하던 달팽이도 욕실에서 나와 거실 한가운데까지 걸어가기도 하지 않던가. 각자 자기만큼의 보폭이 있고 거리가 있는 것이다. 그 거리를 보폭에 맞춰 성실하게 걸어가면 되는 것이다. 함께 가는 길이라면 기다려주고 격려해 주면서 걸어가다 보면 언젠가 우리가 원하는 곳에 다다르지 않을까 생각한다. 좀 늦으면 어떤가. 허겁지겁 바쁘게 걸어온 인생을 뒤돌아보니 숨이 가빴을 내가 보인다. 조금만 천천히 걷자. 그리고 함께 가자.

(2021. 9. 23.)

달빛 소나타

마루에 서서 이제나저제나 아버지가 돌아오실까 봐 고개를 빼고 기다리고 있으면 엄마는 손전등을 들려주시며 아버지 오시나 가보라고 하셨다. 한달음에 입을 귀에 걸고 어두워진 밤길을 뛰어가면서도 아버지 마중하러 가는 길은 무섭지 않았다. 저만치서 누가 봐도 딱 내 아버지라고 생각되는 분이 흥얼흥얼 노래를 부르며 비틀거리는 걸음으로 걸어오고 계셨다. 취하신 당신 눈에도 내가 보이셨는지 멀리서 "영애야~!" 하고 크게 부르셨다. 모두가 잠들어 아버지의 부르는 소리가 유난히 크게 들리던 고요한 밤이었다. 어둠에 젖어 고요한 밤길을 취하신 걸음에 넘어지시기라도 할까 봐 나는 한달음에 뛰어가 아버지 손을 잡았다. 두 팔을 벌리고 나를 안아서 번쩍 들어 올리시더니 "우리 예쁜 딸이 마중 나와서 이제는 하나도 안 무섭네.” 하셨다.

그러다가 아버지는 문득 서서 그윽하게 바라보시더니 뭔가를 잊어버린 게 생각났다는 듯 주머니에서 각설탕이 듬성듬성 붙어 있는 알사탕을 꺼내 손에 쥐여 주셨다. 알사탕 때문에 마중 나온 것은 아니었지만 나는 꽤 좋아했고 아버지는 다음에도 또 사 주마고 약속하셨다. 행여 알사탕이 빠져나갈까 봐 손을 꼭 감싸 안고 “아버지 마음 알제?” 하셨다. 고개를 끄덕이며 아버지 눈을 보고 있노라면 왜 그리 눈이 서글퍼 보이는지 나도 울 것만 같았다. 손전등으로 밤길을 비추며 아버지 손을 잡고 걷고 있노라면 문득 나는 아버지에게 당신의 어둠을 밝혀 드리는 달빛이 되고 싶었다.

중학교 3학년 겨울 아버지가 돌아가시고 우리집은 그동안 아버지의 그늘이 얼마나 대단했는지 누구나 알 수 있을 정도로 표가 나기 시작했다. 다섯 남매와 덩그러니 남겨진 엄마에게는 세상의 모진 풍파를 고스란히 받아내야만 하는 고단함이 곁을 떠나지 않고 있었다. 어렵게 들어간 고등학교에서 나는 열심히 공부하여 착한 딸로 엄마의 삶의 무게를 줄여 주고 싶었다.

엄마가 일하러 가셨다가 늦게 오시는 날이면 나는 동생 손을 잡고 아버지를 마중 나갔던 것처럼 엄마를 마중 나갔다. 어쩌다 달이 밝은 날이면 엄마는 달을 한참이나 쳐다보시고는 했다. 마치 달에게 엄마의 힘겨움을 얘기하고 위로받고 싶으신 듯했다. 믿고 의지하며 함께 걸어갈 배우자를 잃은 슬픔을 이해하지 못했던 나이였다.

고3 여름방학이 끝나갈 무렵 학교장 추천으로 대기업에 입사 지원서를 제출하였다. 그해 10월. 함께 서류를 제출한 친구들은 서류전형에 통과되어 필기시험을 보러 오라는 연락을 받고 조퇴를 한 다음 일찌감치 서울로 출발하였다. 연락을 받지 못한 나는 한양 갈 꿈을 잃어버린 채 땅이 꺼지라 한숨을 한 움큼 메고 터벅터벅 땅을 치며 걷고 있었다. 서울은 어쩌면 나와 인연이 아닌가 보다 생각하니 울컥 눈물이 났다.

그때 교무부장 선생님께서 왜 아직도 여기에 있느냐고 하시면서 내일 서울 가서 필기시험을 봐야 하지 않겠느냐고 하였다. 나도 합격했다고 하시면서. 그러나 기쁨도 잠시 당장 서울에 갈 방법이 떠오르지 않았다. 서울에 있는 언니와는 연락이 되지 않았고, 해가 뒷산으로 까딱까딱 넘어가고 주위가 어둠으로 잠기어 가는데 애간장이 다 타도록 시간이 흘러도 엄마는 오시지 않았다. 누구한테 말도 못 하고 더 방법이 없다고 생각한 나는 거의 체념을 하고 있었다. 그때 저 멀리서 희미한 그림자가 다가오기 시작했다. 엄마였다. 한달음에 달려오는 나를 보시고 엄마는 내가 마중 나온 것으로 생각하셨는지 뭐하러 밖에 나와 있느냐고 하셨다. 괜히 서러운 마음이 들어 왈칵 눈물이 났다.

"그게 아니고. 나 내일 서울에 시험 보러 가야 하는데. 친구들은 다 갔는데. 엄마가 지금 와서." 시간도 늦었으니 어쩔 수 없다고 하시면 어떡하나 하는 마음에 잔뜩 웅크린 마음으로 웅얼

거리듯이 얘기하는 나에게 엄마는 조금만 기다려 보라고 하셨다. 이리저리 알아본 다음 아직도 늦지 않았으니 어서 서울 갈 채비를 하라고 하셨다.

1984년 10월 8일. 다음 날 오전 10시까지 시험 고사장인 성균관대학교에 들어가기만 하면 된다고 하셨다. 열차도, 버스도 모두 끊겨 버린 시각. 엄마는 택시를 불렀으니 택시 타고 가라고 하였다. 그렇게 그날 밤 나는 강원도에서 택시를 타고 서울로 향했다. 택시 속에서 뒤돌아보니 그 어둠 속에서 두 손을 곱게 모으고 서 계신 엄마의 모습이 희미하게 보였다. 무사히 서울에 잘 도착하기를, 시험도 잘 치르기를 바라는 듯이.

새벽 두 시 즈음인가. 서울 택시로 갈아타기 위해 제3한강교 위에서 내렸다. 한강 너머 드문드문 아파트가 보이고 고요하게 흐르는 바다 같은 강 위로 휘영청 둥근 보름달이 나의 한양 입성을 환영하듯 밝게 비추고 있었다. 개포동 가는 택시를 타고 가면서 여기서 살면 참 좋겠다고 생각했다. 그해 나는 필기시험과 면접시험을 무사히 치르고 합격하였다. 개포동에서 남대문으로 출퇴근하던 나의 서울 생활. 어쩌다 밝은 보름달을 볼 때면 강원도를 떠나던 그날이 생각난다.

엄마가 돌아가셨다. 돌아가시기 전, 엄마와 지난 시절을 얘기하던 시간이 있었다. 엄마는 그날 택시를 태워준 것이 나를 위해 해준 일 가운데 제일 잘한 일이라고 말씀하셨다. 아버지의 밤길을 비춰주고, 엄마가 위로받았던 따뜻하고 환한 보름달이 뜨는 날이면 나는 문득 달빛 아래서 춤을 추고 싶다. 타인의 친절과 호의를 맞잡고 살아온 서울살이 속에서 이만하면 잘 살아내고 있는 것이라고. 엄마가 그리운 날이면 달빛을 벗 삼아 무작정 걷던 그 시절의 나를 위로하면서. 달을 가만히 보고 있노라면 어둠을 등에 짊어지고도 온몸으로 세상을 환하게 밝혀주며 나를 위로해 주는 것 같다. 누구나 다 그런 어둠 하나 등에 짊어지고도 서로 환하게 비추며 살아가는 것이겠지. 눈에 보이지 않는다고 해서 아무렇지 않은 것이 아니듯이, 세상을 살아가는 모든 '나'에게 응원을 보낸다. 오늘따라 달빛이 유난히 밝다.

*소나타(sonata): '소리내다'라는 뜻의 이탈리아어 '소나레(sonare)'에서 유래되었으며. 서양 고전 음악에서 '소나타(sonata)'는 기악을 위한 음악 형식의 하나로, 주로 노래가 동반되는 '칸타타(cantata)'에 대비되어 '연주'만 되는 작품을 가리키는데 사용된다. 피아노소나타, 바이올린소나타 등(백과사전 참고)

(2021. 7. 23)

자전거 타기

아버지가 먼 외지에서 돌아오시면 창고에 있던 자전거는 마당으로 나오게 됐다. 녹슨 부분을 닦고 타이어에 바람을 넣은 다음 자전거 안장을 거칠고 투박한 손으로 툭툭 치셨다. '음, 아직은 탈만하구나.' 하신 듯했다. 아버지가 자전거를 타고 외출하시는 날이면 그날 저녁은 항상 고기와 맛있는 반찬이 상에 올라왔고, 가끔은 과일 상자나 우리들의 군것질거리들이 자전거 뒷자리에 실려 들어오기도 했다.

초등학교 3학년 때쯤이었다. 자전거 뒤 안장에 앉아 아버지 허리를 꼭 잡은 채 장날 구경을 갔다. 아버지는 시장에서 만난 친구분들과 술을 드시고 돌아오는 길에 나를 안장에 태우고 자전거를 끌고 오셨다. 혹시라도 내가 넘어지기라고 할까 봐 꼭 잡으라고 당부하시면서 불콰해진 얼굴로 노래를 흥얼흥얼 부르셨다. 비록 노래를 부르고 계셨지만 왠지 쓸쓸해 보여서 나는 아버지에게 착한 딸이 되고 싶다는 생각을 했다. 집에 다 올 때 즈음이면 아버지는 나에게 자전거 벨을 울려 보라고 하셨다. 그러면 우리집 마당에서 잠자던 누렁이가 일어나 이리 뛰고 저리 뛰면서 우리를 반겼다. 나도 자전거를 직접 타고 싶다고 말씀드리자, 서두를 필요가 없다고 하시면서 좀 더 크면 타보라고 하셨다. 언젠가는 나도 아버지처럼 자전거를 탈 수 있는 날이 오기를 바랐다.

작은오빠가 중학교에 가면서 선물로 자전거를 받았다. 이전까지 내가 자전거를 탄 기억은 아버지가 외출하실 때 데리고 가면서 태워주시는 정도였다. 그러니까 아버지가 먼 길 출타 중이면 자전거 타기는 어려웠던 것이다. 그런데 오빠에게 자전거가 생겼으니 잘 보이면 나도 탈 수 있겠다는 생각을 했다. 오빠가 시키지도 않은 일을 찾아서 해주고, 심부름도 해주면서 어떻게든 오빠에게 잘 보이려고 했다.

그 덕분이었을까. 어느 날 오빠가 자전거를 가르쳐 주겠다고 하여 집 가까운 초등학교 운동장에서 배우게 되었다. 오빠는 그럴듯하게 자전거의 페달을 돌리면서 바퀴가 구르는 과정과 브레이크를 잡으면 자전거가 멈춰서는 원리를 설명해 주었지만, 빨리 자전거를 타고 싶은 마음에 그런 얘기들은 귀에 들어오지도 않았다. 오빠는 뒤에서 안장을 잡고 내가 넘어지지 않도록 도와주었으며, 그럼에도 넘어져서 무릎이나 손바닥에 피가 나면 그러면서 배우는 거라고 위로했다.

나는 자전거 타기에 재미를 붙여 멀리 타고 갔으면 하고 바랐고, 내리막길도 잘 달릴 수 있을 것 같았다. 오빠는 마치 태어날 때부터 자전거를 잘 탔던 사람처럼 손잡이를 잡지 않고 타기도 했고, 자전거를 타고 가면서 안장에 올라앉기도 했으며, 계단을 타고 내려오기도 했다. 그런 오빠가 너무 멋있어서 나도 빨리 자전거를 배워서 오빠처럼 묘기도 부리고 싶었다. 오빠는 그렇게 잘 타기까지 넘어지고 다쳤던 경험을 얘기하면서 겁을 주기도 했지만, 충분히 연습하면 잘 탈 수 있을 거라고도 했다. 그러나 그해 가을 무렵, 내리막길에서 나무와 부딪쳐 팔에 깁스를 하게 되었고 그 이후로는 한동안 자전거를 탈 수 없었던 기억만이 아련할 뿐이다.

자전거는 자동차를 운전하는 것과 달리 한번 배우면 절대 잊어버리지 않는다고 한다. 서울에서 살면서 자전거는 늘 가까이에 있었다. 어린 시절 다친 기억 이후로 자전거를 많이 타지는 않았던 것 같은데, 그래도 안장에 오르자 자연히 페달을 밟고 있는 나를 만날 수 있었다. 오빠처럼 자전거를 타고 가면서 안장에 올라앉을 수는 없지만, 가끔은 두 손을 놓고 타면서 스릴을 즐기기도 했다. 주말이면 양재천을 따라 서너 시간씩 자전거를 타고 달리기도 했는데, 내 귀를 스쳐 가던 바람의 속삭임과 아버지 등에 안겨 달리던 추억, 그리고 시간을 내어 내게 자전거를 가르쳐 주던 오빠 생각도 많이 났다.

자전거를 탈 때 어릴 적 다쳤던 기억이 되살아나면서 손에 땀이 차기도 하지만, 그래도 바람을 가르며 달리는 기분은 말로 다 표현할 수가 없을 정도이다. 길을 가다 보면 나이 지긋한 어르신이 느릿느릿 자전거를 타고 가시는 것을 볼 때가 있다. 속도를 줄이면 자전거는 멈추거나 넘어질 것 같은데, 어떻게 넘어지지도 않으면서 천천히 타고 갈 수가 있는지 참 신기했다. 아마도 오랜 시간 동안 자전거와 함께하면서 넘어지더라도 다시 일어나면 된다는 믿음과 살면서 그리 서두르지 않아도 된다는 인생철학이 담겨 있는 게 아닐까 생각한다.

컴퓨터 앞에 앉아서 멍하니 화면을 쳐다보고 있다. 커서가 깜빡거리지만 무엇을 써야 할지 생각이 나지 않는다. 그러다가 문득 어릴 적 자전거를 배우던 때가 생각이 났다. 자전거를 처음 배울 때 넘어지고 다치면서도 포기하지 않고 연습하여 결국 스스로 달릴 수 있었던 것처럼, 글을 쓴다는 것 역시 오랜 시간 동안 많이 읽고 써봐야 한다는 것을 안다. 한 걸음 한 걸음 믿음을 갖고 나아가면 되는 것이다. 작은 오빠가 몇 번 가르쳐 준 것만 믿고 잘 탄다고, 괜찮다고 하다가 꼬꾸라지고 다쳤을 때, 아버지는 나에게 자만하지 말고 조심하고 또 조심해야 한다고 하셨다. 넘어져 본 사람만이 일어나는 법을 알 수 있듯이, 어떤 실패나 실수가 없이 무엇인가를 한 번에 이룬다는 것은 쉬운 일이 아니라고 생각한다.

이루고 싶은 무엇을 오래도록 간직한다는 것은 꿈이 있다는 것이고, 또한 그 꿈이 이루어지도록 노력을 기울인다는 뜻이다. 언젠가는 그 꿈이 이루어지기를, 그런 열정이 잠시 들어왔다가 사라지지 않기를 간절하게 바라본다. 그래미상을 세 번 수상한 미국 싱어송라이터 빌 위더스는 "'괜찮아'를 거치지 않고 '훌륭해'에 다다를 수는 없다."고 말했다. 그러면서 훌륭한 정도가 아닌 '이만하면 괜찮은 정도'일 때에도 칭찬이 필요하다고 했다. 넘어지고 다쳐 피를 흘리며 절뚝거리는 내게 잘한다고 칭찬을 해주고, 할 수 있다는 믿음으로 내가 앞으로 나아갈 수 있도록 지켜봐 주었던 나의 가족처럼. 대부분 노력은 배반하지 않는다고 하니 섣부른 욕심을 부리지 않고 조금씩 한발 한발 최선을 다해 나아가고 싶다. 오늘도 나는 자전거 안장에 오르며 양손을 어깨에 올려 스스로에게 응원을 보낸다. 잘 하고 있지? 괜찮아.

손이 많이 간다는 것은

날씨가 추워지면서 베란다 밖에 있던 화분을 집 안으로 들여놓아야 했다. 무심했던 시간의 흔적이 마른 나뭇잎으로 대신해서 보였다. 행운목 잎 위에 뽀얗게 앉은 먼지가 눈에 들어왔다. 면장갑을 끼고 마른 수건에 물을 묻혀 하나하나 닦고 나니 금세 잎이 반짝반짝 윤이 나기 시작했다. 집 안에 들여놓은 화분이 제자리를 찾을 수 있도록 마른 잎을 솎아내고 주위를 정리하고 닦아주는 동안 반나절이 갔다. 손이 많이 가는 만큼 빛을 내니 보기도 좋았다. 무엇인가 정성 들여 가꾼다는 것은 그런 것 같다.

꽤 오래전 TV에서 본 드라마의 한 장면이 나의 뇌리에서 오랫동안 떠나지 않았던 적이 있다. 탤런트 고두심이 친구들 모임을 다녀온 뒤 거울 앞에 서서 자신의 목주름을 보면서 영양 크림을 듬뿍 바르던 장면이었다. 오랜 세월 동안 굳혀진 주름이 하룻저녁 영양 크림으로 쉬 펴질 리도 없건만 자신의 목을 박박 문지르면서 그동안 무심했던 자신을 돌아보는 장면이었다. 나도 거울을 보면서 내 목의 주름살을 쳐다보았고 그것이 나이 듦의 징표가 된다는 것을 알게 된 뒤로 나도 모르게 거울을 볼 때면 목의 주름살을 유심히 보기도 했다. 손이 가는 만큼 나이가 젊어진다면 얼마나 좋을까 하면서. 손이 많이 간다는 것은 나의 시간과 정성을 들이는 일이다. 좋아하는 마음이 없다면 쉽지 않은 일이기도 하다.

퇴근하고 집에 오면 내 손을 기다리는 집 안에 쌓여 있는 일들이 있다. 집안일이라는 게 해도 해도 끝이 없고, 표도 나지 않으며, 돌아서면 다시 쌓여버리기가 일쑤다. 며칠만 손을 놓아도 구석구석 먼지가 눈에 띈다. 부농의 둘째 며느리로 시집을 와보니 농사일은 아침에 눈 떠서 저녁에 잠들 때까지 온통 손이 가는 일들이 지천이었다. 식물은 농부의 발걸음 소리 듣고 자란다는 말이 있는데, 농사는 정말 손이 많이 갔다.

특히 밭농사는 무엇인가를 파종하기 위해 흙을 다듬고, 씨를 뿌리고 새싹이 돋아나면 새가 쪼아 먹지 않도록 돌봐야 하고, 잡초를 제거하고 열매가 맺히면 쓰러지지 않고 잘 자라도록 기둥을 세워 주어야 한다. 그리고 수확할 때면 하나하나 정성을 들여 다치지 않도록 거둬들여야 한다. 논농사는 남에게 맡길 수 있으나 밭농사는 아무도 맡지 않으려 하는 이유도 여기에 있는 것이다.

아이들이 태어나면서부터 청소년기까지는 그런 귀한 농작물로 웬만하면 집에서 음식을 만들어 주었다. 대추와 밤과 잣을 듬뿍 넣은 약식, 송편이나 시루떡, 경단, 수수 팥떡, 김밥, 식혜에 넣을 고두밥까지. 주변에서 사람들이 뭘 그리 손이 많이 가는 음식만 만드냐고 해도 생각해 보면 내 손길이 가장 많이 가던 그 시절이 행복했다.

옛 어른들은 아이가 태어나면 10살까지 백설기와 수수팥떡을 해 주었다고 한다. 생일날 아침에 삼신할머니께 삼신상을 올리며 무탈하게 건강하게 잘 자라게 해달라고 소망의 기도를 했다. 백설기는 신성한 백색 무구한 음식이고, 수수팥떡은 붉은 팥고물을 묻힌 찰수수 경단이다. 특히 빨간색이 귀신을 물리치고 액(厄)을 방지한다는 토속적인 믿음에서 비롯한 풍습으로, 수수로 떡을 해서 동서남북으로 한 조각씩 버리기도 했다고 한다. 수수는 목숨 수(壽) 자가 둘씩 들어가므로 자손이 번성하고 수명이 길기를 바라는 마음이 깃들어 있다. 아기 생일에 수수팥떡을 해 주어야 자라면서 액을 면할 수 있다고 믿는 생각은 한국 전역에 걸친 것으로 아기가 10세가 될 때까지 생일마다 수수팥떡을 해 준다고 한다. 그렇게 손이 많이 가는 음식을 만들면서 아이들이 인생의 굴곡에서 넘어지지 않고 큰 병치레 없이 잘 자라주기를 바란다. 그저 자식을 위한 작은 소망 하나다.

아이들을 위해 주로 집에서 음식을 만들어 주는 것을 보면서 남편은 굳이 이렇게 손이 많이 가는 음식을 꼭 집에서 해야 맛있는 게 아니라면서 그냥 사 먹어도 되지 않겠느냐고 했다. 손이 많이 간다는 것은 때로 성가신 일일 수도 있다. 그러나 한편으로는 내 마음속에 사랑이 있기에 가능한 것으로 생각한다. 상대방이 필요하고 원하는 것을 위해 내가 먼저 챙겨주고 나서주는 일, 사랑하는 마음이 없으면 쉽지 않은 일이다. 나 자신의 마음속도 다 알지 못하는데, 하물며 다른 사람의 속마음까지 알고 챙겨준다는 것은 더욱 그렇지 않겠는가. 또한, 손이 많이 간다는 것은 정성이다. 알아서 잘하기를 기다려 주는 것도 좋지만, 그러기 전에 알뜰살뜰 마음을 써준다는 것이 어디 마음만 먹는다고 그리 쉽게 되는 일이던가.

요즘은 내가 주위로부터 고마운 손길을 많이 받고 있다. 아이는 출근하기 위해 옷 때문에 고민하는 나의 코디네이터가 되기도 하고, 회사에 가지고 가야 할 서류를 잊지 않고 챙겨갈 수 있도록 잠들기 전 식탁 위에 메모를 남겨두기도 한다. 코로나19로 마스크가 필수품이 되다 보니 식탁 위에는 가족 누군가가 챙겨 놓은 마스크가 항상 놓여 있다. 찬장 높은 곳에 올려놓은 접시를 꺼내기 위해 의자를 밟고 올라서면 혹시라도 내가 넘어질까 봐 걱정된다는 듯이 "잠시만, 잠시만"을 외치며 달려온다. 아무튼 손이 많이 간다고 하면서. 나는 그 소리에 행복해진다.

그렇다. 손이 많이 간다는 것은 어쩌면 수고로움을 직접 감수하는 일이지만, 더불어 정성이며 사랑이 있어야 한다. 서로의 부족한 부분을 채워주고 도움을 줄 수 있으니 기분이 좋아지고 행복함을 느끼는 것은 당연하겠지. 밖으로 드러내지 않고 가려진 곳에서 하는 일일지라도 내 손을 필요로 하는 무엇이, 누군가가 있다는 것은 때로는 위로가 되고 선물이 되고 축복인 것을. 마음에 들어서 마음에 둔다더니, 오랜 습관처럼 수고로움 앞에 덩그러니 서 있는 선물과 축복을 보듬고 있다.

(2021. 10. 27)

민화투

아이들이 고등학교 시절, 밤새워 공부하며 지쳐가던 때였다. 가만히 두어도 혼자 화내고 짜증을 내면서 주위 사람들을 불안하게 한다는 고3 아닌가. 그날은 9월 모의고사 끝나고 추석 전쯤이었다. 컨디션이 그리 나빠 보이지 않아서 약간의 농담을 주고받고 있었다. "그깟 공부, 어느 날은 하루쯤 확 농땡이 치고 싶지 않아? 차라리 그러고 나면 기분전환도 돼서 좀 집중이 되지 않을까 싶은데." 엄마는 공부하기 싫으면 어떻게 했냐는 질문에 본의 아니게 둘러댄다는 게 그만 민화투를 했다고 해버렸다. 민화투가 뭐냐고 묻는 아이에게 그럼 가르쳐 주겠다고 하여 고3인 큰아이와 고2인 둘째도 불러서 셋이 모여 민화투를 쳤다.

그 모습을 지켜보던 남편은 고3 수능생에게 그런 걸

가르치고 있다고 어이없어하는 표정을 지었다. 누가 이기고 지는가보다 그냥 단순한 놀이로 기분을 전환하기 위한 것이었다. 그러나 잘하지도 못하지만, 흥미도 없어서인지 그 이후로 잊혀갔다.

지난해 오랜만에 아이들이 다시 민화투를 하자고 하였다. 심심해서라기보다 용돈을 두둑하게 받아내기 위한 심산 같았다. 화투치는 규칙을 몰라도 인터넷에 검색만 하면 친절하게 다 알려주니 어려울 것도 없었다. 점수는 둘째 아이가 적기로 했다. 민화투를 한 장씩 내고 뒤집을 때마다 그림이 너무 아름답고 이쁘다느니, 이 화투장은 내가 갖고 싶다느니 한다. 제사에는 관심이 없고 제삿밥에만 관심이 있다더니 딱 그랬다. 아이들은 누가 이겼는지가 관심 있는 게 아니라 용돈을 많이 받기 위해서는 점수를 많이 따야 한다고 했다. 한 게임이 끝날 때마다 점수를 계산하기에 바빴다. 비약이나 풍약을 해야지만 좋다고 아무리 얘기를 해도 20점짜리 달이 있는 화투장을 갖고 싶다는 둥, 비광의 우산 쓴 아저씨가 멋지다는 얘기만 했다.

자기에게 들어 온 화투장을 보여주면서 이거는 왜 석 장이나 나한테 왔는지 모르겠다며 투덜거린다. 차마 점수가 없는 껍데기라고 말하고 싶지 않다. 나는 슬쩍 그쪽에 맞는 광을 내놓으면서 "어머, 이거 잘못 냈네. 아, 이거 20점짜린데." 하면 아이들은 "아, 아, 안돼. 한번 내면 끝이야." 한다. 상대방이 다 볼 수 있도록 엉성하게 두 손으로 쥐고 어떤 것을 내야 할지 모르겠다고 투덜거리더니 얼씨구나 하면서 석 장을 한꺼번에 내려놓는다. 몇 번 하더니 20점짜리 화투장이 어떤 것인지 알게 되고부터는 행여 손에 들어오기라도 하면 “아싸, 나는 가만히 있어도 80점은 돼” 했다. 내가 점수를 많이 따면 보너스라고 하면서 20점짜리 화투장을 하나씩 가지고 가라고 하고, 아이들이 점수를 많이 따면 두 배로 계산해 주기도 했다. 그래도 결국은 내 주머니에서 용돈이 나갔고 아이들과 나는 즐거웠다.

엄마가 살아계실 때 형제들이 모이면 민화투를 즐기셨다. 기껏해야 1점에 10원이나 50원 정도 하였으니 큰 금액이 오갈 일도 없었다. 그래도 엄마는 단돈 몇 푼이라도 잃는 것보다 따는 것을 좋아하셔서 우리 형제들은 적당히 눈치 봐 가면서 잃어주기도 했다. 어느 해 여름 휴가차 친정에 갔을 때였다. 오랜만에 모인 형제들은 엄마와 함께 민화투를 했는데, 오빠들은 오래 하려면 적당히 잃어 주어야 한다면서 눈치껏 하라고 당부를 했다. 어차피 우리 형제들이 이길 게임이 아니었는데, 어쩌다가 너무 열중한 나머지 엄마가 점수를 잃고 말았다.

눈치를 보아하니 오빠들이 내게 뭐라고 할 태세여서, 나는 맨 마지막 표를 취소하자고 했다. 엄마는 낙장불입이지만 오빠들과 언니가 그렇게 하자고 하니 마지못해 이번 한 번만 봐준다는 거였다. 그렇게 겨우 넘어가는가 싶었다. 우리는 민화투를 하면서 서로에게 적당히 눈치를 주면서 엄마가 이길 수 있도록 몰아주기로 한 거였다. 우리 형제들이 아무리 잃어주고 져 주려고 노력

해도 엄마가 좋은 화투장을 갖고 있지 않거나 뒤집기에서 놓쳐 버리면 말짱 도루묵이었다. 그럴 때면 일부터 두 장을 잡고 뒤집는 척하면서 다음 화투를 미리 보고 엄마가 가져갈 수 있도록 하기도 했다.

그런데 엄마가 계속 점수를 잃고, 오빠한테만 자꾸 뒤집기가 성공하면서 높은 점수를 내고 있었다. 엄마가 질 게 뻔했다. 아슬아슬한 순간이었다. 아니나 다를까 엄마가 화투가 잔뜩 널브러져 있던 군용담요를 양쪽 모서리를 잡고 홱 엎어버리셨다. 순간 화투장들이 허공에서 춤을 추며 날아다녔다. 각자 자기 앞에 어설프게 놓아둔 천 원짜리 몇 푼들도 날아다니고 동전들은 와르르 쏟아졌다. "나 안 해~" 엄마는 그렇게 엎어진 판 위에 널브러져 있던 동전과 지폐들을 두 손으로 쓸어모아 주머니에 넣은 뒤 장조카에게 맛있는 거 사 준다면서 데리고 나가셨다. 형제들이 서로 쳐다보면서 멍해지는 것은 순식간이었다. 그러다가 마치 예견이라도 했다는 듯이 박장대소를 하며 웃었다. 역시 엄마는 오늘도 우리의 예상을 빗나가지 않았다고 하면서.

한국 사람들은 셋 이상 모이면 화투를 할 정도이며 특히 나이 드신 어르신분들이 즐기는 게임이 바로 화투가 아닐까 싶다. 화투는 포르투갈의 '카르타(carta)'라는 일종의 딱지놀이가 일본으로 전해져 '하나후다(花札: 화찰)'라는 놀이로 되었다가, 일제 강점기에 대마도 상인들이 우리나라에 들어오면서 화투로 불리며 널리 보급되었다고 한다. 화투 놀이가 대중적인 인기를 끄는 이유는 상대방의 패를 눈치 빠르게 짐작하여 게임을 하는 고도의 심리전 외에, 껍데기(피)만 가지고도 많은 점수를 내어 광을 이길 수도 있기 때문이라고도 한다. 도박과 왜색이 짙다는 이유로 화투는 우리에게 부정적이기도 하지만 아직도 시골 고향에 가면 동네 어르신들의 심심풀이로 화투 치는 모습을 종종 볼 수 있을 정도니 그냥 민화투 그 자체로만 즐기어도 좋을 듯싶다.

올해 5월 엄마의 49재에 형제들이 모두 모였다. 이런저런 얘기를 하다가 엄마 살아생전에 민화투를 즐기셨다는 얘기가 나왔다. 적당히 잃어야 하는데 눈치 없이 이겨보겠다고 하다가 화투판을 엎었던 얘기를 하면서. 사실 나도 화투라는 걸 잘 모른다. 고스톱이니 뭐니 하는 것도 잘 모르고 청단 홍단도 말로만 들었지 실상은 어떤 것인지도 모른다. 홍단이라고 쓰여 있는 화투에는 새가 있기도 하고, '광(光) 자가 쓰여 있는 화려한 꽃 그림이 있기도 하다. 그저 단순하게 그림만 맞추어서 점수를 많이 내는 민화투만 겨우 알고 있는 정도이다.

민화투를 하면서 계산을 하는 단순한 셈법이 치매 예방에도 도움이 된다고 하여 엄마와 참 많이 했었다. 남편에게 통박을 받으면서 고3 수험생에게 민화투를 가르친 것이 잘한 짓인지 아닌지는 생각하지 않았다. 다만, 한 가지 소망은 내가 친정엄마의 시간 속에서 추억을 만들었던 것처럼 언젠가 먼 훗날 고단한 어느 시간에 내 아이들도 내게로 와서 함께 민화투를 치면서 나를 그리워해 주었으면 좋겠다.

두부 한 모면 충분해

'대전에 당일치기 여행 같이 가실 분~' 가족 단체 대화방에 올라온 글이다. 큰아이가 11월부터 본인이 너무나 원하던 곳에 취업하여 출근하게 되었다. 그전에 알뜰하게 시간을 보내고 싶은 모양이다. 시간이 없어도 일부러 내어 가고 싶은 마음이다. 나는 당연히 같이 가자고 했다. 남편도 함께 가면 교통이 해결될 텐데. 카톡을 읽었건만 대답이 없다. 둘째는 개인적인 일이 있어 참석하기 어려울 것 같다고 한다. 둘이 가니까 KTX 타고 가자고 했다. 혹시 주말이라 표가 없을 수 있으니 빠르게 예매를 했다. 주중에는 서로 시간이 맞지 않은 경우가 많은데 주말이니까 더없이 좋지 않은가. 평소에도 어떤 일에서건 가타부타 별말이 없는 남편이 자꾸 신경 쓰였다. 개인 카톡으로 여행같이 안 갈 거냐고 물었다. 내년 예산 계획하느라 주말에도 근무해야 한다며 툴툴거린다.

갈 수 있다는 것인지 아니면 못 간다는 것인지. 여행 하루 전날 저녁 남편에게 다시 물었다. "갈 거야? 말 거야?" "왜~" "같이 가게 되면 예매해 둔 열차표를 취소해야 하니까 그렇지!" "그걸 그새 예약했어? 일단 취소해 봐" "아니 일단 취소하랬다가 못 가면 안 되잖아" "갈게, 간다고~" 그렇게 마지못하게 끌려가듯이 대답하는 남편이었지만 사실은 딸 바보인지라 함께 갈 것이라는 믿음도 있었다. 매사에 뭐든 딱 부러지게 해야 하는 나와 달리 남편은 술에 물 탄 듯, 좋은 게 좋은 거라는 식이어서 무엇인가를 꼭 결정해야만 하는 때에는 확실하게 해 둘 필요가 있었다.

다음 날 아침, 일찍 일어난 남편은 언제 출발할 거냐고 물어본다. 나와 남편은 준비가 다 끝났다. 큰아이는 열차로 갔으면 시간에 맞춰 일어났겠지만, 아빠 차로 갈 거니까 여유를 부린다. 그래도 부지런히 준비하여 9시에 출발했다. 고속도로는 이미 정체가 일어나고 있었다. 서울에서 대전까지 4시간이 걸렸다. 남편은 다음부터는 가자고 하지 말라는 둥, 이렇게 갈 거면 새벽에 일찍 출발했어야 한다는 둥 구시렁거렸다. 그렇더라도 다음에 또 갈 거냐고 물으면 "갈게. 간다고~" 하면서 마지못해 간다는 듯이 대답하겠지. 그는 딸 바보이니까.

드디어 대전에 도착했다. 이제부터 큰아이가 계획해 놓은 코스로 움직일 예정이다. 우선 아침을 휴게소에서 대강 해결하였으니 점심을 먹기로 했다. 큰아이는 대체로 어느 지역으로 여행을 가면 그 지역의 맛집을 검색하여 간다. 지난 추석 연휴 기간에도 수목원 다녀오는 길에 나와 남편은 한우를 먹자고 하였으나 큰아이는 닭갈비를 먹자고 하였다. 남편은 닭갈비를 좋아하지 않는다. 한우갈비 먹고 가자고 말은 그렇게 하면서도 딸 바보답게 아이가 원하는 닭갈빗집 앞에 차를 주차하고 있었다. 그리고 나오면서 "맛있네!" 한마디만 했다. 이번 대전 여행에서 큰아이는 대전에 오면 이걸 꼭 먹어야 하는 곳이 있는데 거기에 가자고 하였다. 그렇게 점심을 먹기 위해 찾아간 식당은 선술집처럼 으슥한 골목에 있었다. '두부두루치기 전문점'이었다. 우리는 메뉴판을 한참 쳐다보았다. 아이가 원하는 두부두루치기와 손칼국수, 나와 남편을 위해서는 수육과 부추전을 주문했다. 너무 많은 거 아니냐고 한마디씩 했지만, 아침을 대강 건너뛴 만큼 충분히 먹을 거로 생각했다.

우리가 주문한 음식이 나왔다. 두부를 한 점 집어서 먹었다. 우리 셋 모두 동시에 "와~ 맛있네!" 하고 탄성을 질렀다. 큰아이가 말했다. "아빠는 두부하고 밀가루 음식을 좋아하잖아. 나도 두부하고 밀가루 음식을 좋아해. 나는 확실히 아빠를 똑 닮았어. 그게 너무 좋아." 남편의 어느 한 부분을 닮았다는 게 참 좋은가 보다. 아이는 그렇게 에둘러 아빠에게 사랑한다고 표현하고 있었다. 남편은 묵묵히 말없이 두부만 먹는다. 그러다가 지나가는 말로 한마디 툭 던진다, "엄마가 해주는 두부 요리 다음으로 맛있네." "뭐야 아빠. 지금 엄마한테 점수 따는 거?" 하면서 아이가 놀린다. 큰아이는 어렸을 때부터 내가 해준 두부 요리가 참 맛있었다고 거든다. 다 먹고 나와 보니 대기 줄이 스무 명 가까이 늘어서 있다. 맛집이 맞기는 한가 보다.

쇼핑하러 가면 우두커니 기다리는 것을 싫어하는 남편이다. 그러나 대전 여행길에 아이가 이리저리 쇼핑하면서 남편을 가게 밖에 우두커니 기다리게 해도 전혀 화를 내지 않았다. 내가 아빠를 번번이 기다리게 해서 미안하다고 말하자 아이는 아빠는 자기를 사랑하기 때문에 기다려주실 거라고 했다. 서울로 돌아오는 길도 까마득했다. 길이 너무 막히니까 아이가 고마우면서도 미안한지 차라리 다음에는 기차를 타는 게 낫겠다고 슬쩍 말해본다. 남편은 묵묵부답으로 운전만 하고 있다. 물론 결국 다음에도 자동차가 제일 편하지 않으냐며 태워줄 게 뻔하다는 걸 알고 있기에 나도 더 말은 하지 않았다.

나는 요리를 잘 못 한다. 그래도 남편은 내가 해주는 요리는 뭐든 다 맛있다고 했다. 그중에 특히 두부 요리를 좋아했다. 소금 간을 한 두부를 들기름 두른 팬에 겉만 살짝 익힌 다음 얼큰하게 만든 양념장을 둘러 물이 약간 있게 끓여내면 남편은 땀을 뻘뻘 흘리면서 국물까지 모두 긁어먹었다. 아이들도 어렸을 때부터 마파두부를 해 주면 좋아하면서 잘 먹었다. 이래저래 나는 가족이 좋아한다는 이유로 두부 요리를 많이 했다. 예상하지 못했던 여행길에서 가족이 두부를 좋아한다는 것을 알고 나니 바쁘다는 핑계로 무심했던 게 미안해졌다.

퇴근길에 "주말에 뭐 해 먹지?" 하고 단체 대화방에 문자를 보냈다. 주중에는 다들 바쁘다는 이유로, 다이어트한다는 핑계로 대충 식사를 하기에 주말만이라도 제대로 된 식사 준비를 하려고 했다. 퇴근해서 냉장고 문을 열어보니 까만 비닐봉지에 두부 두 모가 담겨 있다. 나는 피식 웃음이 나왔다. 남편이 지나가며 두부 한 모만 있으면 그 어떤 맛있는 식단도 따라올 수가 없다는 듯이 한마디 거든다. "두부 한 모면 충분해." 아무래도 대전에 또 한 번 다녀와야 할 모양이다.

커피, 그 맛에 반하다

휴일 아침. 아직 아무도 일어나지 않은 이른 시각. 열어놓은 베란다 창문으로 들어오는 싸한 바람이 옷깃을 여미게 한다. 커피를 내린다. 커피 향이 주위에서 퍼져나간다. 다 내려지기를 기다리지 못하고 머그잔에 담는다. 코끝으로 먼저 향을 음미하고 한 모금 마셔본다. 그래 역시 이 맛이야. 혼자 중얼거리면서 어제 읽다가 엎어놓은 책을 펼친다. 평온한 아침이다.

여고 시절, 외국에 있던 작은 오빠는 학용품과 예쁜 장식품 같은 것을 국제우편으로 보내주고는 했다. 지금은 'Made in Germany' 'Made in Japan' 'Made in Taiwan' 하는 물건은 마음만 먹으면 굳이 그 나라에 가지 않고도 쉽게 구할 수 있다. 그러나 그 시절 강원도 시골에서는 해외에 갔다가 들어오는 사람들이나 외국에 있는 사람들로부터 전해 받는 게 대부분이어서 귀한 물건이었다.

작은오빠는 주로 문구류와 펜 종류를 많이 사서 보내주었다. 아마도 어릴 때부터 글쓰기를 좋아하는 나를 생각해서 그런 것 같았다. 볼펜으로 노트필기 하던 여고 시절 나는 독일제 만년필로 친구들에게 부러움을 많이 받았다. 펜글씨 수업 시간에 친구들은 펜촉에 잉크를 묻혀서 글씨를 썼다. 그러나 나는 오빠가 보내온 만년필로 글씨 쓰는 것을 좋아했다. 만년필의 뒷부분을 돌돌 돌려 열고 만년필 잉크 담는 부분을 꺼내 잉크를 넣어서 다시 돌돌 돌려 닫는 그 과정이 재미있고 좋았다. 비단처럼 고운 천으로 포장이 되어 있던 타이완제 다이어리는 사춘기 소녀의 습작 노트였는데 결혼 전 친정에 두었다가 이사하면서 잃어버렸다고 하니 이제는 추억 속의 다이어리가 되었다.

여고 2학년 가을쯤인 것으로 기억한다. 오빠가 보낸 국제 소포가 도착하였다. 까만 콩처럼 생긴 것들이 포장지를 풀자 내 코끝에서 향기로움으로 피어났다. 콩인 듯 콩이 아닌 듯 만지면 손에 까만 게 묻어날 것만 같았다. 밥을 해 먹으라는 것인지 땅에 심으라는 것인지 별도 얘기도 없어서 향기로운 그 콩은 우리집 부엌 다락에 고이 모셔두었는데 어쩌다 다락에 올라갈 때면 방 안 가득 퍼져있던 그 향기로움을 나는 참 좋아했다.

그러다가 오빠가 귀국했다. 오빠는 커피 한잔을 마시자고 했다. 커피. 그 이름도 생소한. 나는 그건 어디서 마시는 거냐고 물었다. 오빠는 그해 여름에 우편으로 보내준 적 있는데 아직 안

먹어봤느냐고 하면서 가져와 보라고 했다. 오빠는 조그마한 돌절구에 커피콩을 한 움큼 집어넣고 콩콩 빻기 시작했다. 아~그 향기. 너무나 사랑스러운 그 향기. 가끔 간식거리로 엄마가 볶아 주시던 콩 하고는 다른 맛이었다. 오빠는 이상한 콩과 함께 보내온 종이를 밥공기에 올려놓고 그 위에 투박하게 빻아진 커피를 올리고 뜨거운 물을 붓기 시작했다. 향기는 너무나 구수하고 좋은 데 반해 맛은 그 씁쓸함이 쓸개처럼 독해서 한 모금 마시다 말고 나는 못 먹겠다고 뱉어 버렸다. 오빠는 이렇게 향기로운 커피에 퉤퉤거리는 나를 두고 이 맛을 제대로 알게 되면 너도 빠지게 될 것이라고 했다. 전혀 친해질 것 같지 않던 그 씁쓸한 커피는 그 이후에도 몇 번 먹어보려고 시도를 했으나, 커피콩을 가는 번거로운 과정에 비해 그 맛에 매력을 크게 느끼지 못하여 그렇게 흐지부지 잊혀 갔다.

그러다가 다시 커피를 마시기 시작한 때는 학교를 졸업하고 직장생활을 하면서였다. 사무실의 막내였던 나는 아침마다 상사와 동료들의 취향에 맞게 커피를 타는 심부름을 했다. 그 가운데 가장 인기가 있던 메뉴는 다름 아닌 커피 크림 설탕의 비율이 2:3:2였다. 달달한 커피. 나 역시 그 조합으로 커피를 타서 마시고는 했다. 그 이후에는 커피믹스라는 이름으로 황금비율로 조합된 인스턴트커피가 나오면서 커피 애호가들에게는 큰 인기를 끌었다. 특히 종이컵에 타서 마시고 난 뒤 컵에 남아 있는 잔향마저도 구수하다고 생각했으니 아마 나는 그때부터 커피를 좋아했던 것 같다. 커피를 마시면 불면증이 온다는 사람들이 있다.

그러나 나는 지금도 하루 세 잔 정도는 마신다. 한때는 밥값보다 더 비쌌던 아메리카노가 직장인들의 장식품처럼 점심 후 떼로 몰려다니면서 커피전문점의 이름이 들어간 컵을 들고 다닌 것이 유행처럼 일어났던 적도 있다. 나폴레옹은 '나에게 빚진 돈을 갚지 않아도 좋으니 그 대신 커피를 주게'라고 말했다고 한다. 커피를 얼마나 좋아했으면 그렇게 말을 했을까. 요즘은 커피의 종류도 많고 취향에 따라 선택할 수 있다. 그리고 건강을 생각하여 과일차나 꽃차를 마시는 경우도 종종 볼 수가 있다. 그래도 나는 커피가 좋다. 그것도 블랙으로.

길을 지나다가 어디선가 커피 향이 느껴지면 나도 모르게 아~ 하고 탄식을 할 만큼 커피 애호가가 되었다. 멀리서도 내 코를 자극하는 그 향기가 발걸음을 멈추게 하기도 한다. 특히 아파서 입맛이 없을 때는 뜨거운 커피를 내려 거기에 밥을 말아 먹으면 그 구수하고 쌉싸름한 맛에 어릴 적 오빠가 커피콩을 갈아서 타 주던 커피 생각도 나면서 힘도 나고 참 좋았다. 정작 작은 오빠는 지금은 커피믹스만 찾고 있는데 나는 아무것도 첨가하지 않은 원두커피 고유의 아메리카노를 좋아한다. 어쩌면 커피는 그렇게 내게 어릴 적 향수를 불러오는 마술이 아닐까. 아버지가 돌아가시고 힘겹게 보내던 여고 시절 나에게 위로와 힘이 되었던 오빠가 보내온 그 쌉싸름하고 까만 커피콩. 그 맛을 제대로 알게 되면 빠지게 될 거라던 오빠의 말처럼 커피는 내 삶에서 한자리를 차지하고 있다. 쉴 틈 없이 바쁘게 돌아가는 일상 속에서 잠시 휴식이 필요할 때면 나는 작은 여유를 주기위해 커피를 찾는다. 커피가 다 내려졌는가 보다. 오늘 아침은 구수하고 향기로운 인생 한잔으로 시작한다.

이방인

납골당에서 나와 계단을 내려오며 유난히 햇살이 쨍하다고 생각했다. 엄마를 잃었다는 슬픔이 쉽게 가셔지지 않았다. 잘 할걸. 잘 해드릴걸. 두 딸은 내게 최선을 다한 것이라고 하였지만 북받쳐 오르는 서러움은 결국 눈물을 쏟게 했다. 살갑게 구는 딸이 아니었음에도 이제는 마음 편히 쉬어갈 곳이 없어졌다는 생각에 서러운 마음이 들었다. 오른손을 이마에 받치고 양미간을 찌푸린 채 형제들을 둘러보았다. 짧은 투병 기간 동안 한밤중에 여러 번 의사로부터 마음의 준비를 하라는 호출을 받아서인가 모두 덤덤한 듯했다. 아니 그들도 속으로는 마음이 무너져 내리겠지. 이제는 따뜻하게 안겨 투정 부리고 싶은 사람이 없어서 슬프겠지. 만만한 핑계처럼, 사느라 바빠서 엄마를 잘 찾아뵙지 못했다는 자책감이 명치끝에 걸려서 찌르르했다.

중학교 3학년이 끝나가던 겨울. 아버지가 돌아가셨다. 유독 예쁨을 많이 받았던 나지만 어쩐 일인지 눈물이 나지 않았다. 우리 집은 그동안 아버지의 그늘이 얼마나 대단했는지 누구나 알 수 있을 정도로 표가 나기 시작했다. 다섯 남매와 덩그러니 남겨진 엄마에게는 세상의 모진 풍파를 고스란히 받아내야만 하는 고단함이 곁을 떠나지 않고 머무르는 듯했다. 곧 고등학교 입학원서를 써야 하는데 아무도 신경을 써주지 않는 것만 같았다.

계집애가 배워서 뭐 할 거냐고 하셨다. 팔자만 세진다고 입을 모아 엄마를 몰아세우던 집안의 어르신들. 그러나 한의원댁 할머니는 여자도 배워야 한다고 하면서 엄마를 채근하셨다. 엄마도 그 말씀이 맞는다고 생각하셨겠지만 당장 눈앞에 닥친 현실에 어쩌지 못하고 계시는 듯했다. 돌이켜 생각해보니 그 시절이 나에게는 혼돈의 도가니였다. 나를 응원해 주던 아버지를 하루아침에 잃어버리고 누구도 내 편을 들어줄 사람이 없다는 것에 마음의 문을 닫기 시작하였다.

우여곡절 끝에 고등학교에 가게 되었다. 다행히 장학생으로 입학을 하여 엄마의 짐을 덜어드릴 수 있었다. 여고 시절은 나에게 있어서 혹독한 사춘기를 지나게 했다. 엄마를 생각해서 공부도 열심히 했다. 집안 어르신들에게도 보란 듯이 바르고 착한 딸이 되려고 노력했지만, 마음속 깊은 곳에 차지한 우울감은 쉽게 떨쳐지지 않았다. 밝고 활달했던 나는 점점 말수가 줄어들고 사람들과 어울리기를 꺼렸다. 사소한 한마디에도 쉽게 상처 받고 마음에 담아두고 털어내지 못하고 혼자서 끙끙거렸다. 졸업 후 서울에서 공부하고 직장을 다니면서 나는 자연스레 고향으로부터 멀어져 갔다.

그렇게 나는 그들과 또 다른 세상에서 살았다. 지금도 내 형제들은 나는 원래 얌전하고 말이 없는 아이였다고 말한다. 그러나 원래 그런 사람은 없지 않은가. 형제들을 이해하고 잘 어울리고 싶었던 마음과 달리 나는 그들로부터 점점 멀어져 가고 있음을 느꼈다. 그렇게 긴 세월 각자 살아가는 동안 나는 물 위의 기름처럼 그들 속에서 겉돌았다.

아버지가 돌아가셨는데 울지도 않는다고 혼이 났던 기억과 함께 엄마는 내게 곁을 내주지 않았다고 생각했다. 아버지를 잃은 슬픔이 단지 눈물을 흘리는 것만으로 표현될 수 있을까. 내 마음에 앙금처럼 남아 있던 서운함. 마치 오랫동안 풀지 못한 숙제처럼 남아 있던 일. 나를 사랑하지 않는다고 생각하며 마음의 벽을 더욱더 단단하게 세우며 살았다.

그러던 어느 날, 점점 연로해져 가는 엄마를 보면서 문득 이렇게 살아서는 안 된다고 생각했다. 얌전하고 말이 없던 아이는 어느덧 엄마 앞에서는 의젓하고 점잖은 딸이 되어 있었다. 가족이기에, 가족 앞에서 힘든 내색 한번 없이 그저 애틋하고 믿음직스러운 딸이 되기 위해 참고 이겨온 세월. 그렇게 억누르며 살아온 감정은 엉뚱한 곳에서 고스란히 드러났다.

요양병원에 입원하기 전, 화를 내며 반대하는 나에게 "너는 한

번도 화를 낸 적이 없었는데. 왜 이리 화를 내는 거냐?"며 오히려 섭섭함을 드러내던 엄마. 우리 집에서 같이 살자고 울며 매달리는 내게 아무것도 해준 게 없어서 김 서방 보기 미안하다며 그렇게는 할 수가 없다던 엄마. 나는 오히려 아직도 엄마는 나에게 곁을 주지 않는다고 매몰차게 소리치며 화를 냈었다. 나는 엄마에게 손님이냐고 어처구니없이 대들던 못난 딸. 엄마가 병원에 입원해 계시는 동안 두고두고 내 가슴을 후벼팠던 사실. 일주일마다 엄마를 보러 가면서도 편하지 않던 내 마음의 응어리.

너무 오랫동안 떨어져 지냈다고 생각했다. 착한 딸, 우애 좋은 형제가 되지 못했다. 돌이켜 생각해 보니 나는 나 자신을 사랑하지 않았다는 생각이 들었다. 납골당 아래에서 우리는 이방인처럼 각자 자기의 추억을 이야기했다. 가난했던 그 시절 우리를 사랑했던 엄마에 대하여. 자식을 위해 힘든 일도 마다하지 않던 우리들의 엄마에 대하여. 형제들과 떨어져서 객지에서 혼자 살아가는 둘째 딸의 안부를 늘 걱정하였다는 엄마에 대하여. 나는 그들에게 항상 이방인 같았는데. 무언가 뜨거운 것이 가슴 밑에서 올라오면서 혼자가 아니라는 안도감이 밀려들었다. 나에게도 좋은 엄마가 있었다.

휴식 하나 사야겠다

초등학교 때쯤이었나 보다. 우리집에 TV가 들어왔다. 나무로 된 케이스에 자바라 손잡이가 있고 네다리가 있는 금성 흑백 TV. 그보다 훨씬 전 아버지는 'GOLD STAR' 마크가 찍힌 전축을 들여놓고 나훈아의 「사랑은 눈물의 씨앗」 「고향 역」 「가지 마오」나 남진의 「님과 함께」 「가슴 아프게」 「마음이 고와야지」를 온 동네 사람들이 다 듣도록 크게 틀어놓고 듣기를 좋아하셨다. 우리집 앞을 지나가던 이웃 어르신들은 그 노래를 듣고 아버지가 먼 외지에서 돌아오셔서 집에 계시는 것을 알 수가 있던 때였다. 그 이후 조용필의 「돌아와요 부산항에」도 한참 들었던 기억이 있다.

아버지께서 먼 길 출타 중이시면 엄마는 이미자의 노래를 틀어놓으신 채 포목점에서 끊어온 예쁜 천으로 나와 내 동생의 원피스를 만들어 주셨다. 때로 패티킴이나 하춘화, 김세레나의 노래를 틀어놓고 털실로 겨울 바지나 조끼를 떠 주기도 하셨다. 그때 엄마가 즐겨 들었던 이미자의 「아씨」나 「열아홉 순정」 「섬마을 선생님」 「동백아가씨」는 지금도 내가 가끔 흥얼거리는 노래이다.

그렇게 전축이 유일한 낙이었던 아버지께서 어느 날 그 'GOLD STAR' 마크가 찍힌 TV를 들여놓으신 거다. 이유는 딱 하나. 당시 유명했던 박치기왕 김일 선수의 레슬링을 보기 위해서였다. TV가 없었을 때 아버지는 엄마와 영화 구경을 즐겨 가셨는데 종종 나를 데리고 가셨다. 아버지는 집에 계실 때 레슬링을 하지 않는 날이면 뉴스나 드라마를 즐겨 보셨다. 나시찬 주연의 전쟁드라마 「전우」를 보거나 구미호가 나오는 「전설의 고향」을 볼 때면 일찍 저녁을 물린 동네 어르신들은 고구마나 감자, 옥수수를 바구니에 담아 들고 우리집 마당으로 모이셨다. 그러면 아버지는 안방에 있던 티브이를 마루에까지 끌고 나와서 틀어주셨다. 그런 날이면 밤늦도록 우리 집에는 불이 꺼지지 않고 엄마는 괜히 부엌을 왔다 갔다 하시면서 숭늉에 때때로 식혜를 대접하곤 하셨다. 그렇게 TV는 나에게 있어서 아버지를 생각하면 빼놓을 수 없는 추억의 물건이다.

결혼하고 두 아이의 엄마가 되었다. 큰 애가 초등학교 4학년 때였다. 학년이 올라갈수록 책이 많아져서 책장이 부족하게 되었다. 아이들은 거실 한쪽을 차지하고 있는 TV를 보면서 아무도 보지 않는데 없애자는 거였다. 당시만 해도 드라마를 즐겨보는 편이 아니었지만, TV를 켜놓고 소파에 드러누워 있으면 수면제 역할도 곧잘 했다. 그리고 아침 출근 전 뉴스를 보기 위해서 잠깐잠깐 틀어 놓기도 했는데 그것을 없애자는 거였다. 책이 많아서 여기저기 쌓아 두느니 TV를 없애고 책장을 놓자는 거였다. 34평 아파트에 책이 많으면 뭐 얼마나 많았을까. 가족회의 끝에 거실에서 TV를 내오던 날 옆집 할머니는 새로운 걸 장만하느냐고 물어보셨다. 아예 없애는 거라고 말씀드렸더니 심심해서 어쩌누 하셨다.

TV를 없애고 나서 우리는 주말이면 책을 읽었고 어쩌다 시간이 나면 여행을 갔다. 아무도 TV가 없다고 해서 불편해하지 않았다. 다만, TV가 없으면 가족 간의 대화가 많을 것 같았으나 실상은 그렇지 않은 아쉬움도 컸다. 학년이 올라갈수록 아이들은 주말이면 학원에 다니느라 늦게 귀가했다. 시간이 흐르면서 언제부터인가 TV가 밀려난 자리는 스마트폰이 자리를 하게 되었다. 그리고 스마트폰의 DMB 기능이 때때로 TV의 기능을 대신할 때도 있었다.

아이들이 고등학교를 졸업하고 대학교에 갔다. 자기들만의 시간을 갖고 생활하다 보니 남편은 퇴근 후 딱히 즐길 만한 것이 없어서였는지 TV를 즐겨보기 시작했다. 물론 핸드폰 DMB 기능으로. 나는 애들이 다 컸으니 거실에 책을 좀 정리하고 TV를 다시 들여놓자고 했다. 가족이 모두 동의를 했다. 유아 시절의 책이나 어린이 동화책들은 사촌과 이웃들에게 물려주기도 하고 초등학교에 기부하기도 했다. 그러나 책을 놓는 위치만 바뀌었을 뿐 공간이 그다지 늘어나지 못했다. 결국 TV를 사느니 마느니 하던 일들은 다시 유야무야 없던 일이 되어버렸다. 가끔 친구들 모임에서 요즘 핫하다는 드라마 얘기를 할 때가 있다. 그럴 때면 우리 집은 TV가 없다고 말하면서 영세민 구제하는 셈 치고 티브이 하나 선물하라고 너스레를 떨었다. 그러나 정작 누가 선물해준다고 해도 TV를 둘 자리가 아직 없다.

TV를 바보상자라고 하던 때가 있었다. 그냥 아무 생각 없이 보기만 한다고 그러는 듯하다. 그러나 TV의 악영향만 있는 게 아니다. 정보의 홍수화 시대에 사는 요즘. 핸드폰의 작은 글씨가 불편한 사람들에게는 TV를 통해서 새로운 정보를 얻거나 도움을 받기도 한다. 뉴스, 날씨, 경제정보, 교양, 건강 등 TV는 수많은 콘텐츠를 다양한 방법으로 보여줌으로써 간접 경험을 하게 도와준다.

예를 들어 우리가 가보지 못한 세계 각국의 풍경이나 풍물을 접한다거나 드라마 시청을 통해 드라마 속 캐릭터들의 인생을 간접적으로 경험해 보는 것이다. 바쁘게 살아가는 현대인에게는 뇌의 휴식이 필요하다. 그럴 때 휴식의 방법으로 여행이나 명상, 멍하니 있기 등 뇌를 잠깐 동안 비워두기를 해야 한다고 생각한다. 가벼운 예능이나 다큐멘터리 혹은 드라마를 보면서 뇌의 수동화를 시킴으로써 쉬어보는 것도 괜찮다고 생각한다. 물론 스트레스를 해소하는 방법으로 TV보다 매력적인 일들도 많다.

책을 읽고 여행을 하고 운동을 하거나 동네를 산책하는 일. 그러나 그 모든 상황을 떠나서 때때로 온 가족이 모여 TV를 시청하면서 다양한 이야기를 가볍고 즐겁게 해보는 것도 좋겠다. 지금 와서 생각해보면 아버지는 오랫동안 타지에서 계시다가 오랜만에 집에 오셔서 그저 휴식이 필요하셨던 것 같다. 그 휴식을 위해 전축을 들이고 TV를 들여놓으셨던 게 아닐까. 이제 우리 집에도 바보상자가 아닌 휴식을 하나 들여놓아야겠다.

무지개

울산에 가기 위해 하루 휴가를 냈다. 명절 연휴 뒤에 휴가를 신청하면서 눈치가 보였다. 그래도 휴가를 신청한 이유는 울산에 엄마가 계시기 때문이다. 정확하게 말하면 엄마가 울산에 있는 병원에 입원하셨기 때문이다. 전날 저녁부터 꾸물꾸물하던 날씨였다. 아침에 일어나 베란다 창문을 여니 보슬비가 내렸다. 우산을 쓰고 지나가는 사람도 있고 그냥 가는 사람도 있었다. 뉴스에서는 오후는 맑게 갤 거라고 한다. 우산을 들고 갈까 말까 잠깐 생각하다가 두고 가기로 했다. 비는 우산을 쓰지 않고 걷기에는 내린다는 생각이 들 정도로 내렸다. 빠른 걸음으로 걸었다. 전철역에서 SRT를 타기 위해 이동하는 동선은 지하로 연결이 되어 있었다. 빗줄기가 제법 굵어졌는가 보다. 사람들이 들고 있는 우산에서 물이 뚝뚝 떨어진다.

울산역에는 오빠가 마중을 나와 준다고 했으니 우산은 사지 않아도 될 듯했다.

올해 여든이신 친정엄마는 그동안 동생네 집에서 계셨다. 우리 형제는 오 남매다. 엄마에게 있어서 자식은 큰오빠와 막내 여동생뿐이라고 생각될 정도로 엄마는 다른 누구보다 큰오빠와 동생에 대한 애착이 강하시다. 그동안 엄마를 모시고 있던 큰오빠가 사업이 어려워지면서 엄마는 막내딸네 집으로 거처를 옮기셨다. 언니와 작은오빠가 아무리 모시겠다고 해도 막무가내이신 엄마를 설득시킬 수가 없었다. “엄마에게 우리는 덤으로 얻은 자식이야.” 작은오빠는 서운한 마음에 툭하면 그렇게 말했다.

지난여름, 갑자기 건강이 악화된 엄마는 여름이 끝나갈 무렵 기어코 병원에 입원하셨다. 폐렴이라고 했다. 오래된 감기를 제때 치료하지 않아서 그렇다고 했다. 그렇게 되기까지 자식들 아무에게도 말씀하지 않으신 엄마다. 아무리 추워도 잠깐잠깐 바깥 운동도 게을리하지 않으시고 건강관리에 신경을 많이 쓰고 계셨기에 믿고 있었다. 막냇동생은 마치 자신의 잘못인 듯 죄인처럼 아무 말도 못 하고 있었다. 기력이 많이 쇠잔해지신 엄마는 병원에 열흘가량 입원하셨다.

비록 정정하지는 않으셨어도 두 발로 걸어서 들어가셨는데 불과 열흘 사이에 엄마는 걷는 힘을 잃어버리고 휠체어에 의지하고 계셨다. 지병으로 당뇨가 있었기는 하지만 그동안 식단을 잘 조절하신 덕분에 큰 병 없이 건강하게 지내오셨다. 폐렴이 완치

되어 퇴원할 무렵 병원에서는 엄마의 건강을 염려하여 요양병원에 모실 것을 권하였다.

24시간 전문 의사가 있고 요양 보호사의 도움을 받을 수 있으며 식단 및 건강에 대한 꾸준한 관리가 당분간 필요하다는 것이었다. 우리 형제들은 서운한 마음을 감출 수가 없었다. 당연히 집으로 모셔야 한다고 생각을 했다. 그러나 낮 동안 돌 볼 사람이 없어서 논의 끝에 당분간 요양병원에 모시기로 하였다.

처음 가 본 요양병원. 거동이 불편한 노인 환자들이 대부분이었다. 왠지 가족과 사회로부터 단절된 폐쇄된 공간 속에서 삶을 보내고 있는 듯하여 울컥한 마음이 들었다. 삼시 세끼 병원에서 제공되는 식사를 하고 요양 보호사와 간혹 가족의 도움을 받은 상태에서 겨우 휠체어에 몸을 맡기고 바깥출입을 할 수 있는 신세가 된 엄마를 보았다. 참으로 삶의 의미가 무엇일까 하는 생각이 들었다. 마치 자유를 차단당하고 새장에 갇힌 새가 된 듯하였다.

오빠는 엄마를 집으로 모셔가기 위해 의사 선생님과 상담을 하러 갔다. 언니도 잠시 자리를 비우고 엄마와 나만 남겨졌다. 엄마가 갑자기 내 손을 잡고 "나 그냥 여기 병원에 계속 있으면 안 될까?" 하셨다. 엄마는 막냇동생 집이 아니면 그냥 병원에 계시겠다는 것이었다. 아무리 엄마에게 자식은 큰오빠와 막냇동생뿐이라서 언니와 작은오빠와 나는 덤으로 얻은 자식이라고 하지만 퇴원하여 작은오빠네 집으로 모실까 봐 불편해하셨다. 누구에게나 아픈 손가락이 있듯이 편한 자식도 있나 보다.

엄마의 고단하고 외로우셨을 삶이 전해왔다. 지금의 내 나이보다 10살이나 더 젊은 나이에 홀로 되어 다섯 자식을 키워내기까지 녹록지 않았을 엄마의 삶. 얼마나 두렵고 힘드셨을까. 감히 짐작도 되지 않는 엄마의 인생. 화무십일홍이요 달도 차면 기운다더니 그렇게 정정하시던 엄마는 몇 년 사이에 아이가 된 듯이 누구의 도움 없이 혼자서는 거동조차 하기 불편해지셨다.

중학교 시절 어느 날 엄마가 싸주신 도시락 반찬이 마음에 들지 않아 안 가지고 간다면서 쌩하고 학교에 갔었다. 다른 친구들은 계란프라이도 싸 오는데 나는 매일 김치와 멸치볶음이라고 투덜대었다. 어쩌다 김칫국물이라도 흘리는 날이면 몇 날 며칠을 투덜대면서 도시락 투정을 하는 못된 딸이었다.

점심시간 누가 찾아오셨다는 말에 나가보니 엄마가 일하시다 말고 오신 듯한 모습으로 계란말이가 곱게 들어 있는 따뜻한 도시락을 건네 주셨다. 네가 좋아하는 것을 싸 왔으니 얼른 들어가서 친구들이랑 나눠 먹으라고 하셨다. 고마운 마음보다 누추한 모습에 화가 나서 도시락을 낚아채듯이 받아들고 인사도 없이 쌩하고 교실로 돌아왔다. 누구냐고 묻는 친구들에게 대답도 하지 않은 채 도시락을 열어 보지도 않고 그대로 가방에 넣어 집까지 가지고 갔다.

엄마가 설거지하기 위해 도시락을 열어보시면서 왜 점심을 먹지 않았느냐고 걱정스럽게 말씀하셨다. 나는 뾀쭘한 채로 오도카니 서서 심술궂은 표정으로 도시락을 노려보았다. 살면서 두고두고 후회하던 그 일을 엄마도 기억하고 계셨다. 빠듯한 살림이라 너한테 계란 반찬 하나 맘껏 못 해 주어서 미안했다고. 엄마는 늘 못 해 준 것을 기억하시고 많이 가르치지 못해서 미안하다고 하셨다. 엄마가 해 주시던 밥을 먹고 함께 살던 때가 30년이 훌쩍 넘었건만 엄마는 아직도 나를 보실 때마다 어릴 때 모습 그대로라고 하신다. 나는 그만큼 내가 철딱서니가 없다는 것으로 생각하고 엄마는 여전히 이쁘다고 해석해 주신다.

고등학교 졸업 후 떨어져 살던 세월만큼 그리움으로 지새우셨을 엄마의 마음. 바쁘다는 핑계로 드문드문 전화할 때면 수화기 너머로 전해져 오던 애틋한 목소리. 곰살맞지 못한 둘째 딸에게 "사랑해~" 하시면서 보내주신 하트에 울컥 눈물이 났다.

새장의 새는 아무리 목청을 뽑아도 그건 노래가 아니라 울음에 지나지 않음을. 사는 동안 하고 싶은 거 하고, 가고 싶은 곳 가고, 먹고 싶은 거 맛나게 먹고 즐겁게 사는 인생. 그 단순한 삶을 엄마가 이제는 못 하신다고 생각하니 인생무상 새옹지마가 별거인가 싶었다. 엄마에게 가장 편안한 환경, 엄마가 계시고 싶은 곳에 계실 수 있도록 해드리겠다고 약속했다.

병원을 나오니 언제 비가 왔냐는 듯이 해가 쨍하다. 어렸을 때의 까탈스럽고 변덕스러운 나 같았다. 비가 그쳐서 다행이라고 생각했다. 엄마를 두고 돌아서는 걸음에 시야가 뿌옇게 흐려졌다. 눈물을 참으려고 고개를 들었다. 하늘 저편에 무지개가 걸려 있다. 어렸을 때 뭔가 보기 드문 별똥별이나 무지개 같은 걸 보면 소원을 빌었던 게 생각이 났다. 비 온 뒤의 햇살과 함께 곱게 피어난 무지개처럼 엄마의 삶도 평화롭고 아름답게 물들어 갔으면 좋겠다고 생각했다.

2

맛있는 시간들

삭제되는 인연

몇 해 전 맥도날드에서 재미있는 실험을 한 적이 있다. 페이스북 친구 10명을 지우면 버거를 공짜로 준다고 했다. 그랬더니 일주일도 안 돼서 무려 23만 명이 지워졌다고 한다. 버거 한 개만도 못한 관계가 그렇게 많았다는 뜻이다. 나는 이 글을 읽으면서 어디 인간관계만 그렇겠는가 생각했다.

계절이 바뀔 때마다 옷장을 정리하여 철 지난 옷은 집어넣고 앞으로 다가올 계절의 옷을 새로 걸어 놓는다. 한 계절이 다 가도록 한 번도 입지 않고 옷장으로 옮겨가는 옷들이 있었다. 이번 기회에 과감하게 정리를 해야겠다고 마음먹었다. 단지 고가로 샀다는 이유로, 추억이 깃든 옷이라고 버리지 못하고 한 해 두 해 옷장 속에서 묵혀 가던 옷들. 사계절 상관없이 가볍게 꺼내입고 편하다고 하여 즐겨 입던 옷들은 소매 끝이 낡고 해져서 실상은 집 앞 마트에 갈 때조차 입지 못하기도 했다.

버리기는 아깝고 집 밖을 나설 때 입기가 망설여지는, 옷장을 가득 차지하고 있던 옷들을 이번 기회에 정리하기로 했다. 옆에서 보고 있던 남편은 멀쩡한 옷을 버리고 또 버린 만큼 사들인다고 하면서 구시렁거렸다. 머피의 법칙은 아닌데 버리고 나면 갑자기 그 옷이 아쉬울 때가 있었다. 그러다 보니 이번 한 철만 더 두고 보자고 하던 것이 어느덧 몇 해가 지나버린 것이다.

가령 양말 발뒤꿈치가 해져서 이번만 신고 버려야지 해 놓고 저녁에 아무 생각 없이 세탁기에 넣고 빨래를 돌린다. 그리고 다시 신으면서 오늘만 신고 꼭 버려야지 다짐하던 날들. 결혼 전 남편에게 당시 유명한 브랜드의 운동복 한 벌을 선물한 적이 있다. 남편은 그 운동복을 소맷부리와 발목 부분이 다 닳아서 해지고 올이 풀릴 때까지 입었다. 매번 볼 때마다 이젠 좀 버리라고 하면 남편은 눈을 동그랗게 뜨고 왜 버리냐고, 아직은 10년은 더 입을 수 있을 거라고 했다. 그러면 나는 10년은 무슨. 그냥 버려~ 다시 사줄게. 했다. 남편은 다시 사주는 건 사주는 거고 이건 버릴 수 없다고 했다. 연애할 때의 추억이 깃든 물건인데 너무 쉽게 버리라고 한다고 눈을 흘기기까지 했다.

정작 정리해야 할 곳에서는 정리를 못 하고 미적거리던 관계들. 사람들과의 관계가 그랬고, 옷이나 신발이 그랬고, 책도 그랬다. 때로는 과감하게 정리할 필요도 있다. 볼링장에서 공을 던지기 위해 공을 들고 어디로 던질까 너무 오래 고민하면 안 된다. 집중력이 떨어지고 만다. 그냥 과감하게 던져야 한다.

몇 해 전 거실 책장을 정리하다가 한구석에 얌전히 있던 상자 하나를 발견했다. 그 상자를 열어보니 아이들 어렸을 때 주고받았던 생일 카드와 직접 만들어주던 조그맣고 앙증맞은 선물들이 있었다. 작은 꽃잎, 수많은 스티커, 여행지에서 나를 생각하며 사 온 선물들. 소중하다고 생각하여 상자 속에 고이 넣어 두었던 것이다.

그러나 정작 잘 열어 보지도 않았던. 활자로 느낄 수 없는 일상의 디테일한 감정들이 생생한 시각적인 언어로 내게 건너왔다. 우리가 서로 하지 못한 많은 대화를 넘어 마음을 쓰는 결이 전해져 왔다. 겉으로 표현되는 방식은 제각각이었지만 동일 관점에서 비롯된 아주 작은 관계들이 그곳에 있었다. 온 거실에 그 보물 꾸러미들을 다 펼쳐놓고 추억하며 앉아 있노라니 아이들이 아직도 이런 것을 갖고 계셨냐고 하면서 신기해하고 감동하고 있었다. 내게는 그렇듯 소중하고 고마운 의미였다. 마찬가지로 남편에게도 그 운동복은 그런 의미였으리라. 길들면 고마운 마음이 사라진다고 한다. 그러나 길든다는 것은 편안함을 의미하기도 한다.

현대인들은 많은 사람과 수많은 네트워크를 형성하며 살아간다. 오죽하면 한 다리만 건너면 모두 사돈의 팔촌이고 아는 사람이라고 했을까 싶다. 그렇게 많은 사람과 관계를 맺으며 살아가다 보니 깊이는 얕아지고 인연의 끈은 길지 않다. 옷깃만 스쳐도 인연이라는 말도 요즘 세상과는 어울리지 않는다. 수많은 인연이 옷깃만 스치고도 지나가는 경우가 많으니까. 그러나 그 많은 인연 중에 진정 오래될 인연이 어디에 어떻게 닿을지는 아무도 모른다. 한 번만 더 생각해보고 결정해도 늦지 않는다. 그냥 딜리트(delete)키 한번 누르기는 순간이다. 그렇게 삭제된 인연은 다시 만나기가 쉽지 않다. 때로 깨달음은 너무 늦게 오기도 하니까.

이건 비밀인데

인터넷 쇼핑몰에서 필요한 물건을 주문하려고 보니 회원가입 하라는 메시지가 떴다. 비회원으로 주문해도 되지만 회원가입 할 경우 받을 혜택을 강조하면서 유혹한다. 어쩌면 이번 한 번으로 거래가 더 이루어질 것 같지 않은데 귀찮게 굳이 회원가입을 해야 하나 잠시 망설였다. 회원가입 한 번만으로 할인 혜택이 제공된다고 하니 귀찮음을 무릅쓰고 회원가입을 했다.

비밀번호를 단순하게 하면 안 된단다. 개인정보 보호 차원에서 특수문자를 조합해서 하라고 메시지가 계속 깜박거렸다. 에이~ 회원가입 하지 말까 고민했다. 그래도 만 원 할인이 어딘데. 그렇게 해서 회원가입을 해 놓고 보니 아이디와 비번을 잊어버리지 않기 위해서 메모를 해 놓아야 했다. 비밀번호를 설정해 놓았으니까 비밀이 유출

될 리스크를 차단했다고 안심했다.

그러다가 주문한 물건이 제날짜에 도착하지 않아서 그 회사에 전화하려고 인터넷에 접속했다. 그런데 비밀번호를 어디에 적어 두었는지 생각이 나지 않았다. 낭패다. 비밀번호 변경을 신청했다. 내 개인 메일로 보내온 임시 비밀번호란 것이 복잡하기만 했다. 이렇게 아무런 의미 없이 조합된 단어만으로도 비밀이라는 의미가 부여되는구나 싶었다.

중학교 때부터 친했던 친구가 있었다. 함께 여고를 가서도 늘 붙어 다녔다. 친구들은 그 친구 안부가 궁금하면 나에게 물었고 내 소식이 궁금하면 그 친구에게 물었다. 고등학교를 졸업하고 그 친구는 부산으로 나는 서울로 왔다. 우리는 일 년에 서너 번 시간을 내서 만나고, 전화는 더 많이 했고 가끔 손편지도 주고받았다. 그러다가 그 친구가 연애를 시작했다. 신학대학을 다니는 남자였다. 친구는 자기의 연애담을 시시콜콜 내게 말했다. 남자친구와 서울에 올라와서 함께 명동을 쏘다니기도 했다. 남대문시장에 가서 쇼핑도 하고 경복궁과 덕수궁도 거닐면서 연애를 했다. 그 가운데 나는 꿔다놓은 보릿자루처럼 때로는 끼면 안 되는 자리에 엉거주춤하게 끼여서 어울려 다녔다.

그 친구에게는 아버지가 다른 오빠가 있었다. 여고 시절 자신과 아버지가 다른 오빠 얘기를 하면서 "이건 너만 아는 비밀이야"라고 했다. 나는 비밀을 지켜야겠다는 사명감도 있었지만, 그냥 남의 얘기라서 입밖에 전혀 내지 않았다. 그리고 나도 아마 잊어버린 듯했다. 그런데 어느 날부터인가 그 친구가 내 전화를 피하고 있다는 느낌이 왔다. 뭔가 거리감이 느껴지고 나한테 배신감이 들었다는 알 수 없는 말을 했다. 이유인즉슨, 나에게만 했다던 오빠의 일을 남자친구가 알고 있다는 것이었다. 그리고 그 얘기를 내가 했다고 생각한 것이다. 나는 우리 두 사람만의 약속에 대해서 누구에게도 말한 적이 없다고 얘기를 했으나 그 친구는 서운하다는 말과 함께 일방적으로 전화를 끊었다. 그렇게 감추고 싶었을 자신의 가족사를 남자친구가 어찌 알았는지 확인도 하지 않고 다짜고짜 나를 의심하는 친구가 서운했다. 그걸 의심할 정도의 우정이었다니. 나는 뒤통수를 한 대 맞은 느낌이었다.

내가 자신의 비밀을 지키지 않았다는 이유로 우리는 소원해졌고 연락이 끊겼다. 어쩌다 고향에 내려가서 그 친구 소식을 물으면 지금은 목사님의 사모님이 되어 바쁘게 사는 듯하다는 얘기만 들려왔다. 그 일은 내게 큰 상처를 주었다. 나는 그 친구와의 일을 마음 깊숙한 곳에 꼭꼭 숨겨 두었다. 소중한 친구를 오해로 잃어버렸다는 것이 나 자신에게 화가 났다.

최근 4~5년 전 고향에 갈 일이 있었다. 그 친구와 한동네에 살았다는 친구를 만났다. 우리는 길거리에 서서 서로 이러쿵저러쿵 안부의 인사를 나누었다. 그때 어디선가 "야~ OOO" 하고 누군가를 부르는 소리가 들렸다. 우리는 뭐지? 하고 고개를 돌렸다. 오래전에 소식이 끊긴 그 친구의 아버지가 다르다는 오빠였다. 간단하게 인사를 하고 헤어져서 오는 길에 친구가 말했다. "저 오빠하고 친구 누구하고 아버지가 다르다." 나는 마치 처음 듣는 사람처럼 능청을 떨었다. "그래? 그걸 어떻게 알아?" "왜 몰라~ 한동네에 살았는데. 걔 신랑도 여기 와서 들었을걸? 넌 걔랑 친하면서 몰랐니?" 정말 세상에 영원한 비밀은 없는 걸까. 어쩌면 '비밀인데' 하고 말한 순간부터 이미 그 비밀은 비밀이 아니게 되었던 것인지도 모를 일이다. 이런 이야기를 내 친구가 알게 된다면 얼마나 상심이 클까 하는 생각에 마음이 아팠다. 또한 나는 아직도 그 친구를 많이 그리워하고 있다고 꼭 말해 주고 싶었다.

외부로부터 내가 원하지 않았으나 받게 되는 상처나 리스크를 차단하기 위해 만들어진 비밀. 실상은 비밀의 가치를 잃어버렸을지도 모를 비밀. 세상 밖으로 이미 나왔다면 더 이상 비밀이 될 수 없을 비밀. 우리가 너무나도 쉽게 간과하고 있는 것이 있다. 비밀이 지켜지거나 혹은 드러나는 것이 신뢰에 대한 문제도 있지만 기억력의 문제, 혹은 조심성의 문제도 있다는 것이다. 비밀의 내용은 기억하는 대신 비밀을 영원히 봉인할 수 있는 그 '비밀이야'라는 단어를 기억하지 못하는 경우의 수는 항상 존재하는 법이니까. 어쩌면 그 친구도 지금쯤 내 소식을 궁금해하고 있겠지. 아니 이미 오래전부터 그랬을지도 모른다. 내가 아직도 그 친구를 생각하고 그리워하고 있다는 것을 마음 깊은 곳에서 비밀처럼 기억하고 있을 테니까.

마음의 습관

여름이 끝나가는 무렵. 강릉 가는 기차를 타기 위해 택시를 타고 청량리역에서 내렸다. 택시 기사분이 기차를 타기 쉽도록 내려준 곳은 청량리역의 후문이었다. 사람들의 통행이 빈번한 출입문 입구 중앙에서 머리는 언제 감았을지 추측하기도 힘들고 계절에 맞지 않는 누빔 옷을 입은 남루한 행색의 남자가 휠체어에 앉은 채 바지를 내리고 볼일을 보고 있었다.

딸아이 보기가 민망하여 눈을 돌리면서 역사에 그 사람이 그런 행동을 하는데도 아무도 통제를 하지 않음을 투덜거렸다. 그러자 딸아이가 대뜸 "엄마와 나는 MBTI 유형이 많이 다른가 봐" 한다. 그러면서 그 아저씨 몸이 불편하니까 휠체어에 앉아 있는 듯한데 단지 행색이 그러하다는 이유로 아무도 도와주지 않는 현실이 안타깝다고 하였다. 그 아저씨도 화장실을 찾았을 테고, 누군가에게 물어봤을 테지만 아무도 대답을 하지 않고 지나가거나, 행여 자신한테 그 아저씨의 더러움이 묻기라도 할까 봐 회피하면서 갔을 거라는 거였다. 생리현상은 인간의 가장 원초적인 현상인데 그걸 해결하기 위해 그 아저씨가 어떤 어려움에 처해 있었는지 어른들은 추측조차 하지 않는다는 것이었다.

나는 순간 속으로 뜨끔하였다. 마치 내 속내를 들킨 것 같았다. 그리고 스스럼없이 그런 얘기를 하는 아이를 바라보았다. 그러면서 아이는 자신은 MBTI 유형 같은 것은 고정관념에 사로잡히는 것 같아서 싫어한다고 했다. MBTI 유형은 옳다 그르다, 혹은 틀리다 맞다가 아니라, 그냥 다르다는 것이다. 기차 안에서 그 MBTI 유형을 검색했다. 나는 타인을 향한 연민이나 동정심이 있다고 생각했었다. 그러나 가족을 보호해야겠다는 상황에서는 내가 냉정해진다는 것을 알게 되었다. 혹시라도 그 사람이 휠체어에서 벌떡 일어나 우리에게 달려들면 어쩌나 하는 불안한 마음에 미리 방어하려 했던 것 같기도 하다.

강릉에서 우리는 커피 거리로 유명한 안목항에 갔다. 철 지난 바닷가였으나 여전히 사람들은 많았다. 묵고 있는 호텔 직원에게 사람들이 꽤 많다고 하였더니 주말이라서 더 그렇다고 하면서 안목항은 계절 상관없이 많은 사람이 찾는 곳이라고 했다. 물을 무서워하고 수영도 못하는 내가 바다는 참 좋아하는 것을 보면 신기하다. 무엇인가 내가 기억하지 못하는 어느 한 모퉁이에 바다는 나에게 위로가 되고 힘을 준다는 것에 대한 믿음이 있는 것 같았다. 강릉에서는 코로나19 확진자가 아직 없다고 하였으나, 그래도 서로 조심해야 하는 것은 당연하다고 생각되어 적당한 거리 두기와 마스크 착용은 잊지 않았다. 안목항은 차에서 숙박하는 사람들로 밤늦게까지 시끄러웠다. 그들 주변에 쌓여 있는 분리되지 않은 쓰레기가 눈살을 찌푸리게 했다. 떠날 때는 잘 정리하고 가겠지 하고 믿어 보았다.

서울로 돌아오는 기차를 타기 위해 도착한 강릉역 입구에는 안면인식 열 체크와 손 소독제만 덩그러니 놓여 있었다. 사람들이 하나둘씩 차에 오르고 기차가 출발하기 시작했다. 우리보다 다섯 칸 정도 앞에 앉은 어떤 아주머니 한 분이 부채로 옆자리의 누군가에게 계속 부채질하고 있었다. 아직은 기차에 에어컨이 가동되고 있었고, 여름 끝자락이라 그다지 덥다고 생각하지 않았는데 계속 부채질을 하고 있어서 의아한 마음으로 엉거주춤 일어나서 바라보았다. 그 아주머니의 옆자리 남자분은 지친 듯 어깨는 축 처진 채 고개를 떨구고 있었다. 내 옆에 앉은 딸아이는 크게 관심이 없어 보였다.

어느 젊은 남녀가 통로 맞은편 쪽의 의자에 자리 번호를 확인하고 앉았다. 그러다가 그들도 나처럼 그 아주머니의 부채질을 눈여겨보더니 뭐라고 나와 비슷한 생각을 하는 듯했다. '혹시 코로나19 확진자일 수도 있지 않을까?' 하는 생각. 아니나 다를까 그 젊은 남녀는 짐을 주섬주섬 챙겨 들더니 기차 통로로 나갔다.

아마 거기에서 계속 서서 갈 모양이었다. 나는 아이에게 슬며시 얘기했다. 청량리역에서 딸아이로부터 상대방이 처해있는 어려움을 단편적으로 보지 말고, 혹시 남모를 사정이 있을지도 모른다는 마음으로 넓게 생각해야 한다는 말을 들었던지라 조심스러웠다.

그러자 아이는 "아마 코로나 확진자라면 분명히 책임자가 뭔가 조치를 취했겠지. 그러니까 걱정하지 마. 내가 보기엔 오히려 그분이 거동이 불편하신 것 같은데." 한다. 순간 머릿속에 태풍이 휘몰아치는 것과 같이 느낌이 들면서 멍해졌다. 세상을 나의 수준에서 바라본 것이 조금은 부끄러웠다. 상대방의 입장에서 생각해보지 않고 세상이 정해놓은 잣대로 들이밀고 있는 나 자신을 보았다. 어른들은 정답이라는 허울 속에 핏대를 세우며 힘주어 말한다. 하나 더하기 하나는 둘이라고. 청량리역 출입문에서 본 그 남자를 피해 가자고, 열차 안에서 옆에 앉은 아들인지 남편인지 모를 사람에게 계속 부채질을 하는 그 아주머니는 개별이동을 해야 했던 거라고. 그러나 그건 정답이 아니라 서로 다른 시각의 차이였다. 내 아이는 나의 말을 존중해 주고 공감하고 격려해 주면서도, 한편으로는 그들의 손을 잡아 일으켜 세워 주어야 한다고 말하고 있었다.

여름날 저녁 붉게 타는 노을에서도, 코끝을 간지럽히고 지나가는 한 줄기 바람에서도 우리는 '의미'와의 씨름을 해야 한다. 그 속에 삶의 은유가 있고, 쉽게 드러나지 않는 은밀한 뜻이 있으며, 교훈이 있는 것이다. 그러기 위해서는 마음을 열고, 눈과 귀를 열어야 한다. 섬세한 마음결을 가지고 민감하게 자연이, 세상이, 사람들이 걸어오는 말을 들어야 한다. 나는 타인과 자연과 주변에 대하여 얼마나 관심과 의미를 두었는가 생각했다. 혹시 무감각하거나 무감동한 건 아닌지. 행색이 남루한 그 아저씨를 보고 무조건 피해야 한다고 생각한 것이나, 기차 안에서 그 아주머니의 행동을 보고 내 기준으로 판단하고 생각한 것이 마치 나의 고정된 습관 같아 부끄러웠다.

『마음의 습관』이라는 책을 쓴 심리학자 아치발트 하트는 마음에도 습관이 있다고 하였다. 습관은 오랫동안 반복하면서 무의식 속에서 진행되는 것이다. 만약 우리가 다른 사람의 좋은 점만 보고 있다면 겸손한 것이며, 다른 사람의 나쁜 점이 자꾸 눈에 들어온다면 교만한 것이라고 하였다. 여러 면을 놓치고 단편적인 한 장면만 보고 있는 건 아닌지 조심해야 한다는 뜻인 것 같았다. 아이와 강릉 여행길에서 나는 문득 어떤 마음의 습관을 지닌 사람인가 생각했다. 세상을 살아가면서 폭넓은 시각과 다양한 관점에서 상황을 보고 생각을 전환하는, 그러한 열린 마음의 습관을 지닌 사람이 되라고 일깨워 준 여행이었다.

*MBTI(Myers-Briggs Type Indicator)는 마이어(Myers)와 브릭스(Briggs)가 스위스의 정신분석학자인 칼 융(Carl Jung)의 심리 유형론을 토대로 고안한 성격유형 검사 도구이다. MBTI는 시행이 쉽고 간편해 학교, 직장, 군대 등에서 광범위하게 사용되고 있다. 외향-내향(E-I), 감각-직관(S-N), 사고-감정(T-F), 판단-인식(J-P) 등 4가지 분류 기준에 따른 결과에 의해 수검자를 16가지 심리 유형 중에 하나로 분류한다(다음 백과사전 참조).

대체 무엇이 들었길래

퇴근해서 오니 현관 앞에 시어머님이 보내주신 택배 상자가 놓여 있다. 인절미 몇 조각, 다져 얼린 마늘, 각종 밑반찬과 잡곡들, 참기름 들기름, 그리고 땅콩 묶음과 함께 한쪽 구석에 까만 비닐봉지에 겹겹이 싸인 은행이 있다. 해마다 이맘때 즈음이면 시어머님은 기침에 좋다고 누누이 강조하시면서 봉지에 몇 번씩 묶어서 은행을 보내주시고 있다. 냄새가 고약해서 먹지 않던 은행이었지만, 감기에 걸려 기침할 때 구워 먹었더니 거짓말처럼 기침이 잦아들게 되면서, 지금은 자주 구워 먹고 있다. 청국장도 그렇고 은행도 그렇고 그 특유의 냄새가 꼭 어머님 냄새 같아서 싫어했었다.

결혼해서 처음 부딪힌 문제가 먹거리였다. 네 맛도 내 맛도 없다는 강원도 음식과 달리, 전라도 음식은 풍부한

양념과 강한 젓갈 냄새로 식욕을 돋우기에 충분했다. 별다른 투정을 하지 않지만, 수저를 금방 내려놓는 남편을 위해 시어머님께 구조요청을 보냈다. 애써 농사지은 작물로 정성 들여 만드신 반찬들 속에는 어머님의 잔소리가 수고로움이라는 포장지로 예쁘게 포장되어 왔다. 당연하다는 듯이, 마치 기다리고 있었다는 듯이, 오랫동안 품고 계셨다가 보내주신 것처럼. 말씀 끝에는 항상 음식도 못 하는 둘째 며느리 때문에 당신 아들의 밥상이 행여 부실할까 걱정이 가득 전해왔다. 농사를 지어본 적이 없으니 얼마나 힘들게 농사지어 보내시는지 엄두도 못 내던 시절이었다.

막 담은 생김치를 좋아하는 남편을 위해 계절마다 온갖 종류의 김치가 오고, 밭에서 수확한 농작물들이 더없이 좋은 먹거리로 왔다. 고구마 줄기가 그렇고, 호박잎이 그렇고, 토란대가 그렇다. 조선간장과 고추장, 된장은 말할 나위도 없었고, 여름철 옥수수는 밥보다 더 많이 먹었다. 미워하며 정든다더니 어느덧 나도 조선간장으로 끓인 미역국이 맛있고, 나물무침에는 들깨를 넣어 깊은 맛을 내며, 젓갈 듬뿍 들어간 김장김치를 찾는다. 포기째 꺼내 밑동만 잘라낸 채 밥 위에 척 걸쳐 먹는 김장김치는 생각만으로도 입안에 군침이 가득 고인다.

그뿐인가, 멥쌀가루를 물에 이겨 풀을 쑨 다음 물김치를 담가 놓으면 여름 내내 입속에서는 시원함이 파도처럼 너울거린다. 김장을 끝내고 남은 무는 굵은 소금항아리에 그대로 푹 꽂아두면 맛깔스러운 짠지가 되는데, 총총 채 썰어 짠맛을 뺀 다음 갖은양념으로 무쳐 내거나 볶아내면 두고두고 맛있는 반찬이 된다.

산후조리를 해 주신다고 오셔서 딸만 둘이나 낳았다고 수술실에서 회복실로 돌아오기도 전에 고향으로 내려가신 시어머님은 그 이후에도 혹독하게 시집살이를 시켰다. 수박 한입 베어 물고 후루룩 뱉어내는 수박씨의 흩어짐 같은 시어머님의 잔소리에 이렇게까지 살아야 하나 고민하기도 했고, 그런 모습을 애써 이해해보려 온갖 사유를 하던 내 모습에 놀라기도 했다. 남편에게는 아무렇지도 않은 생활들이 유독 내게만 파도치듯이 꿀렁거리고 힘겨웠던 세월이다.

그러다 아버님이 돌아가시고 난 어느 날, 내 손을 잡으시고 그동안 나에게 모질게 하셨던 마음에 대해 미안하다는 말을 대신하듯이, 마디가 굽어진 주름이 가득한 거친 손으로 내 등을 쓸어내리며 “애썼다, 애썼다.”만 무슨 주문처럼 계속 말씀하셨다. 당신의 고달픈 삶을 표현한 것 같기도 하고, 마음속 깊이 박힌 옹이 같은 생채기를 보듬어달라고 하시는 것 같았던 어머님의 잔소리도 끝났다. 동시에 삐딱한 마음으로 어떻게 잊어버릴 수 있을까 했던 미움 가득한 마음도 차츰 퇴색되어 갔다.

밭농사는 허리를 굽혀야 하는 일들이 많고, 농부의 발소리에 농작물이 자란다고 한다. 땅과의 약속을 위해 깜깜한 새벽에도 찬바람과 함께 시작하고, 여름이면 더워지기 전에 밭으로 나서야 하며, 이른 추위도 마다하지 않고 질긴 삶의 여정을 그리듯이 하루를 시작한다. 그렇게 애지중지 키워 거둬들인 배추와 무로 김치를 담가 보내주신 김치 통 안에 맛이 잘 배도록 반질반질한 누름돌 하나가 얹어있다. 그 누름돌을 보면서 마치 어머님의 마음속 깊은 곳의 어떤 서러움 같은 것을 꼭꼭 눌러 담아 함께 보내 주신 것 같아 마음 한쪽이 싸해 온다. 겨우내 쌓인 눈이 녹고 난 뒤의 질척거림 같은 감정들이 문득문득 살아나기도 하지만, 봄날의 따뜻하고 눈이 부신 햇살 아래서 차츰 건조하게 말라갈 것이라고 믿는다. 이렇게 택배 상자를 열어 펼쳐놓고 보니 마음속에만 있으면 몰랐을 어머님의 미움과 온갖 잔소리가, 사랑이라는 묶음으로 얼기설기 한가득 담겨 온 것 같아 애틋함이 어른거린다.

(2021. 11. 3.)

어쩌면 우리는

해가 가기 전에 건강검진을 받으라는 문자를 받았다. 2년마다 한 번씩 직장 건강검진을 받게 되는데 주민등록번호 앞자리가 짝수인 사람은 짝수 해에, 홀수인 사람은 홀수 해에 건강검진을 받는다. 코로나19로 가능하면 병원에 가지 않으려고 미루고 미루다 지난 주말에 예약하고 다녀왔다. 진료 마지막에 치과 검진이 있는데 건강검진센터 부속 치과의원에서 검진을 받으라고 한다. 건강을 위해서는 주기적으로 검진을 받아야 하겠지만, 주사를 맞는 게 무섭고 통증을 잘 참지 못하는 나는 아무튼 병원에 가는 게 너무 싫다. 나보다 먼저 온 사람들이 진료받은 결과에 대하여 설명을 듣고 있었다. 치석 제거를 해야 한다느니, 충치 치료를 해야 한다느니 한다.

내가 제일 가기 싫어하는 병원도 치과인데 진료 시작

전부터 겁이 잔뜩 났다. 나는 접수를 하면서 가능한 한 아프지 않게 치료해주시는 원장님으로 해달라고 간곡히 부탁했다. 내 이름이 불리고 들어갔더니 상냥하게 미소 짓는 여의사 선생님이 계셨다. 나는 엉거주춤 의자에 앉으면서 잔뜩 겁먹은 표정으로 어찌 되었든 의사 선생님의 세심한 보살핌이 필요하다는 듯한 신호를 보냈다. 치료하기 위해 누워서 입을 벌려 보라고 한다.

충치는 없으며, 치석 제거를 조금 도와주겠다고 하는데 그 상상만 해도 손사래를 칠 정도로 아파서 안 하겠다고 했다. 자기는 이 병원에서 아프지 않게 치료하는 것으로 유명하다면서, 치료 도중에 아프면 왼손을 들으라고 했다. 나는 조금이라도 아프다면 언제든지 손을 들 준비를 한 채 몸에 잔뜩 힘을 주었다. 그렇게 힘을 주고 있으면 치료가 끝난 후 더 아프니까 힘을 빼라고 하는데, 치과 치료를 위한 각종 도구만으로도 이미 겁을 먹은 상태였다.

치석 제거는 걱정과는 달리 정말 아프지 않게 잘 치료를 해주셨다. 그러면서 지금까지는 잘 관리를 해 와서 충치가 없지만, 앞으로 생길 수가 있으니 어금니에 충치 방지로 레진 치료를 하기를 권했다. 충치가 없다면서 왜 굳이 해야 하느냐 물었다. 의사 선생님은 남의 입속을 오랜 시간 동안 들여다보다 보면 구강 구조나 치아 상태 등을 보고 충치가 생길 것 같은지 어느 정도 알 수 있다고 하셨다. 나는 치아가 단단하면서 건강하지만, 나이 들수록 미리미리 준비해 두는 게 좋지 않겠느냐고 하셨다. 무엇보다 전혀 아프지 않음을 강조했다. 레진 치료를 하기 위해 눈을 감고 기다리고 있는데 문득 몇 해 전 돌아가신 시아버님이 생각이 났다.

아버님께서 어느 날, 치과를 다녀오셨는데 의사 양반이 시원찮게 치료했는지 자꾸 아프다고 하셨다. 어머님은 읍내에 가신 김에 제대로 치료를 받고 오셨어야 한다고 걱정 어린 잔소리를 하셨다. 당시 큰 병원의 수간호사였던 손위 동서는 언제 시간을 내서 서울 한번 다녀가시라고 하였다. 계속 아프다고 하시는 아버님 말씀에 나는 치료 받으신 쪽이 어느 쪽이냐고 여쭈어보았다. 아버님은 마치 그렇게 물어봐 주길 기다리셨다는 듯이 이쪽이라고 하시면서 입을 크게 벌리셨다. 아버님 입속을 이리저리 둘러보면서 어디가 어떻게 되었는데 그곳이 오늘 치료하신 곳이냐고 여쭈었다. 그렇다고 하시면서 의사가 치료를 제대로 하지 않았는지 뭐가 자꾸 걸린다고 하셨다. 내가 봐서 뭘 알 수 있었을까. 그러나 아버님께서 아프다고 하시는 그 마음을 헤아려드리고 공감해드리고 싶었다.

그럴 때가 있다. 너무 아파서 눈물이 날 지경일 때 "조심하지. 왜 그랬어? 별거 아니네." 하는 말보다 "많이 아프겠구나. 얼마나 힘드니? 잘 참고 있네. 괜찮아질 거야. 힘내." 그런 한마디에 그 아픔을 이겨낼 수 있기도 하다는 것을. 어쩌면 아버님도 나처럼 치과가 무서워 잔뜩 긴장하신 나머지 당신의 불편함도 제대로 말씀하시지도 못하고 그냥 내려오신 게 아닐까 싶었다. 그래서 나는 아버님 손을 꼭 잡고 다시 치과에 가자고 말씀드렸더니, 그 치과에서 흉을 볼 거라면서 다음에 가겠다고 하셨다. 다음 치과 갈 때는 같이 가서 아프지 않게 찬찬히 봐 달라고 해야겠다고 하였더니, 서울에서 내려오기가 어려우니 아버님께서 시간 봐서 올라오신다고 하셨다. 그렇게 아버님 입속을 들여다보고 있는 모습을 보고 큰동서는 입속을 며느리에게 보여주는 시아버님이나, 그렇다고 고개 들이대고 쳐다보는 동서나 똑같다면서 놀렸다. 나는 단지 아버님의 무섭고 아프셨을 그 마음을 헤아려드리고 싶었다.

마음의 상처든 몸의 상처든 아프면 다 위로받고 싶다. 누군가가 내 마음을 알아주고 소통할 수 있다는 게 얼마나 중요한지 모른다. 아프고 힘들 때는 시간이 늘어진다고 한다. 시간이 매우 늦게, 더디게 간다는 것이다. 그래서 남들이 보는 고통의 시간보다 훨씬 오래 아프다는 생각이 드는 것이다. 내가 20년 가까이 다니는 내과 원장님은 주사 맞기를 싫어하는 나에게 유독 통증을 못 참거나 크게 느끼는 사람들이 있다고 하시면서, 아프면 아프다고 말하는 게 부끄러운 게 아니라고 해 주셨다. 아프다고 해서 누구에게나 내 상처를 보이지 않지만, 그럴 때 누군가가 내밀어 주는 손에 위로가 되고 힘이 된다.

온몸에 잔뜩 힘을 준 채로 레진 치료를 하는 동안 의사 선생님은 계속해서 아프냐고 물으셨는데, 치과 특유의 뾰족하고 날카로운 도구를 사용하는 게 아니어서 괜찮다고 했다. 어쩌면 치료하면서 계속해서 내게 괜찮으냐고, 아프지 않으냐고 물어봐 주었기 때문에 정말 아프지 않은 것 같았다. 치과 의사 선생님과 간호사 선생님들이 내가 두려워하고 있음을 이해해 주고 존중해 주는 것 같다는 생각이 들었다. 진료를 끝내고 내려오니 내 입속을 다 들여다보신 선생님의 미소가 정말 친절하게 느껴졌다. 어쩌면 우리는 살아가면서 누군가로부터 사소할 수도 있는 '괜찮아?' 하고 물어봐 주는 그 한마디에 힘을 얻고 위로를 받는 게 아닐까.

기억과 추억 사이에서

누구에게나 기억의 어느 단편으로 인해 가슴이 저릿해지거나 혹은 따뜻해지는 경우가 있을 것이다. 물론 많이 혼나고 속상했던 기억들도 있겠고, 풍족하지는 않았어도 풍요롭게 느껴졌던 시간도 있을 것이다. 또한, 그 기억들은 어떤 음식이나 물건, 혹은 여행지에서 자동으로 떠오를 수도 있고 일상생활 속에서 문득문득 생각날 수도 있을 것이다. 나의 경우는 초등학교와 중학교 시절의 어떤 경험들이 오랜 시간이 지나면서 가슴 뭉클한 추억으로 남아 있다.

우리집은 초등학교에서 걸어서 5분도 채 걸리지 않는 곳에 있었다. 친한 친구들은 학교에 가기 위해서 늘 우리집에 들러 함께 학교에 갔다. 또 학교 운동장은 우리들의 놀이터이다시피 해서 엄마의 밥 먹으러 오라는 소리가 들릴 때까지 밤늦도록 놀기도 했다.

초등학교 3학년 때 일이다. 담임선생님께서는 아침 일찍 학교에 오는 나에게 칠판에 아침 자습할 내용을 적어 놓으라고 하셨다. 그렇게 하고 나면 선생님은 수고했다면서 단팥빵과 우유를 주셨는데, 나는 그 단팥빵이 너무 맛있어 더욱 열심히 칠판에 학습할 내용을 썼다. 글씨를 또박또박하게 줄을 맞춰 잘 쓰려고 노력했던 것도 같다.

또 나는 4학년부터 6학년까지 육상 선수로 활동하였는데, 아침마다 수업 시작하기 전 학교 운동장을 달리는 연습을 했던 기억이 있다. 추운 겨울이면 아침에 달리는 게 싫어서 아프다고 꾀를 부리거나 늦잠을 잤다고 둘러대기도 했다. 나중에 생각해보니 선생님은 다 알고 계셨으나 그냥 눈 감아 주신 듯했다.

육상 대회에 나갔을 때였다. 100m 달리기 출발선 앞에서 선생님의 호루라기 소리와 함께 언제 총을 쏘시나, 그러면 빠르게 뛰어나가야 하는데 하는 마음에 늘 손에 땀이 찼다. 나는 너무나 긴장한 나머지 항상 친구들보다 몇 발자국 늦게 출발하였는데, 그래도 어린 마음에 이겨야 한다는 승리욕이 강했던 것 같다. 많은 사람의 응원 속에서 행여 발이 꼬여 넘어지거나 늦게 들어갈까 봐 며칠 전부터 걱정을 많이 했던 기억도 있다. 손등에 빨간 1등 도장과 함께 상품을 받아오면 엄마는 기특하다고 칭찬을 하셨다.

4학년 때는 심지어 웅변대회에 나가기도 했는데, 선생님께서는 수줍음이 많은 내게 아침 일찍 학교에 와서 연습하라고 하셨다. 게다가 목소리가 잘 나오지 않는 나를 위해 매일 생달걀을 한 알씩 가지고 오셔서 먹으라고 하셨다. 왜 내 기억 속의 조용하고 말없던 나에게 육상을 가르치시고 웅변대회에 보내셨는지 지금도 알 수가 없다. 그러나 생각해보니 편식이 심하였음에도 지금과 같이 키가 클 수 있었던 것은 초등학교 시절 육상 선수로 활동하면서 열심히 뛰었던 것과 우유와 빵, 특히 생달걀을 다른 친구들보다 많이 먹어서였기 때문이 아닌가 싶어 지금은 감사한 마음도 든다.

중학교에 들어가서 2학년 2학기가 막 시작될 무렵이었다. 3학년 연대장 선배가 전학을 갔다. 교무주임 선생님께서 교무실로 부르셨다. 내가 초등학교 시절에 웅변하고 상을 받은 성적표를 보았다면서 연대장을 해보라고 하셨다. 사람들 앞에 섰을 때의 악몽이 되살아나는 것 같아서 못한다고 말을 했으나 소용없었다. 3학년 선배들에게는 한 학기만 남겨둔 시기라서 2학년 후배 중에서 누군가 해야 한다는 것인데, 내가 그중에서 적임자라고 하셨다.

2학기 첫 운동장 조회가 있던 날, 교무실 선생님들 앞에서 몇 번 연습하고 운동장에 모였다. 교장 선생님이 말씀하시기 위해 연단에 오르면 전교생들보다 높은 단위에 올라가서 구령했다. "전체 차렷~" "열중~ 쉬어!" "차렷~!" "교장 선생님께 경례!" 운동장 조회를 하는 동안 등에는 식은땀이 흐르고 시간이 흐를수록 목소리는 점점 기어들어 갔다. 조회가 끝나고 들어오면 내가 모르는 전교생들이 등 뒤에서 내 자신 없어 하는 목소리를 흉내 내는 것만 같았다. 매번 조회 시간마다 한 시간이 열 시간 같았다. 3학년 올라가면 연대장을 새로 뽑을 거라는 말씀과 달리 나는 3학년에도 운동장 조회 때면 전교생 앞에 서야 했다. 하루빨리 중학교 생활이 끝이 났으면 하고 바랐다.

몇 해 전 초등학교 친구들 모임에서 어린 시절 얘기가 회자되었다. 대체로 나는 말이 없고 조용한 아이였다고 스스로 기억했으나, 내 친구들과 형제들은 나를 활동적이고 외향적인 아이로 기억하고 있었다. 친구들은 당시 내가 웅변대회에서 외치던 모습을 용기 있는 모습으로 추억했고, 기어들어 가는 목소리로 조회 시간에 구령하던 모습을 부러워하고 자랑스러워했다고 말해주었다. 또한 달리기를 잘해서 매번 상품을 받았던 것도 부러웠다고 했다. 친구들은 내가 칠판에 가지런하게 아침 자습을 필사해 놓던 모습, 친구들 앞에서 용기 있게 외치던 모습, 달리기 선수였던 나를 그렇듯 좋은 모습으로 기억해 주어서 신기하고 놀랍기도 하면서 너무나 고마웠다.

여전히 나는 사람들 앞에 서야 할 일이 생기면 손에 땀이 쥐어지고 괜히 얼굴에 근육이 경직된다. 잘 나오던 목소리도 저절로 기어들어 가고 심장이 두근거린다. 또한, 얼굴은 붉어지고 입술은 내가 꾹 다물어도 자꾸 떨린다. 얼마 전 어느 모임에서 임원을 선출하는 일에 참석하게 되었다. 나는 예비 후보자들을 안

내하는 일을 하였는데, 후보자 중 한 분이셨던 어느 어르신을 안내하게 되었다. 나보다 나이가 훨씬 많으신 그분은 내 손을 잡으시며 떨린다고 하셨는데 그 떨림이 내 손끝으로 전해져 왔다. 그때 나는 사람들 앞에 서는 것을 두려워하는 것은 나뿐만이 아니라 대부분의 많은 사람이 그렇게 긴장하고 어려워한다는 것을 알게 되었다.

쥐구멍에라도 들어가고 싶을 만큼 두렵고 떨렸던 내 어린 시절의 단편적인 기억은, 시간이 흐르면서 기쁨과 슬픔, 아픔들이 더해져 추억이라는 멋진 선물로 돌아온 것 같다. 지금, 이 순간의 어떤 기억들이 먼 훗날 나를 추억하는 소중한 선물이 되기를 기대해 보면서 오늘도 힘차게 하루를 시작한다.

맛있는 시간들

요즘처럼 겨울로 가는 길목이면 아버지는 꽁치를 한 상자 사 오셔서 마당 가운데 작은 드럼통을 두고 장작불을 피운 뒤 그 위에 석쇠를 얹어 꽁치를 구우셨다. 굵은 소금을 탁탁 솜씨 좋게 뿌려서 구우면 그 맛이 세상 부러울 것이 없을 정도였다. 그 고소한 냄새가 온 마을에 퍼지면 어느 집에서는 아저씨가 안방 문을 열고 "한잔할까?" 하고 아버지에게 말씀하셨고, 아버지는 얼른 건너오라고 손짓하셨다.

그렇게 잔뜩 구워서 이웃집으로 두루두루 나눠주고, 먹다 남은 꽁치는 뼈째 다져서 생선 동그랑땡을 만들어 주셨는데 어묵 같지만 절대 어묵 같지 않은 최고의 맛이었다. 친구들과 놀다가 그 동그랑땡이 생각나면 엄마 몰래 들고 나가 나눠 먹었는데, 그런 나를 친구들은 엄청나게 부러워했다. 아마 엄마는 다 알면서도 눈 감아 주셨으리라. 생선 요리를 좋아하셨던 아버지는 늘 우리에게 신선하고 맛있는 제철 생선을 먹을 수 있도록 해 주셨는데, 생선 비린내는 싫어하면서도 아버지가 해주신 요리는 입이 짧은 나도 참 좋아했다.

어쩌다 이웃집에 잔치라도 있는 날이면 온 동네에 고소한 냄새가 진동했다. 마을 어귀부터 전을 부치는 냄새가 코끝을 자극하였고, 내 집 드나들 듯이 동네 꼬마들은 자기 엄마를 찾아왔다는 핑계로 잔칫집을 기웃거리면, 그 집안의 어르신께서 우리를 불러 기름진 음식들을 내어주시면서 천천히 먹고 놀다 가라고 하셨다. 엄마는 괜히 눈을 흘기시며 기름기 가득한 손으로 쥐어박는 흉내를 내셨다. 그때는 다 한 가족 같았다. 이웃집 할머니도 우리 할머니였고, 옆집 아저씨도 삼촌 같았다. 김장하더라도 온 마을이 함께 모여서 했고, 수도가 없어서 우물에서 물을 길어 오를 때도 뒤에서 기다리는 사람들을 생각해서 한두 동이만 길어 올렸다. 요즘처럼 물이 흔하고 집 안에 수도가 있는 풍경에서는 상상도 할 수 없는 일이다.

어릴 때, 옆집에서는 뒤뜰에 커다란 플라스틱 통을 두고 감자를 통째로 넣어서 썩혔다. 거품이 부글부글 끓어오를 때까지 썩혔는데 그곳을 지날 때면 고약한 냄새가 나서 모두 손으로 코를 막고 한달음에 줄행랑을 치듯 뛰어서 지나다녔다. 감자 썩힌 냄새가 온 마을에 진동할 즈음이면 썩힌 감자를 바가지로 떠서 체에 밭치고 베 보자기에 걸렀다. 그렇게 며칠 두면 감자 전분이

가라앉게 되는데, 보자기로 걸러낸 감자 건더기에 가라앉은 전분을 섞어 감자떡과 감자옹심이도 만들고, 감자전도 해 먹었다. 감자 썩힌 냄새는 어느새 잊어버리고 감자떡만 좋아했다. 감자옹심이와 감자전은 두말할 나위도 없다.

지난밤 쌀쌀해진 날씨 탓에 밖으로 운동을 하러 가는 대신 거실에서 영화를 보면서 걷기를 하고 있었다. 10시가 훌쩍 넘은 늦은 시각인데 갑자기 베란다 창문 밖이 대낮처럼 환하게 밝아졌다. 바깥에서는 사람들 소리가 시끌벅적하여 무슨 일인가 하고 나가 보니 소방차 세 대와 경찰차, 구급차도 와있고 이미 많은 사람이 모여 있었다. 그런데 불길도 없고 물을 뿌린 흔적도 없는 것을 보면 어찌 되었든 큰 피해는 없는 듯했다. 그렇게 한 시간가량 소란스럽다가 베란다를 환하게 비추던 헤드라이트가 꺼지고 소방차가 돌아가는 소리가 들렸다.

잠시 후 아파트 관리실에서 안내방송이 나왔다. 12층 몇 호에서 김치볶음밥을 해 먹으려다가 냄비까지 모두 태우면서 검은 연기가 나는 바람에, 이웃의 신고가 들어와서 소방차와 경찰차, 혹시 모를 일을 대비하여 구급차도 출동하였다는 것이다. 인명피해는 없으니 주민 여러분들 모두 걱정하지 말라는 방송이었다. 참으로 다행이다고 생각했다. 김치볶음밥이 먹고 싶었던 그 사람은 또 얼마나 놀랐을지.

오늘 아침 뉴스에 자신의 아파트에서 고기를 구워 먹다 '삼겹살 굽는 것을 자제하라'는 안내방송이 나왔다는 이른바 '층간 냄새' 사연이 보도되었다. 층간 소음뿐만 아니라, 층간 냄새도 사회문제로 대두되는가 싶어서 마음이 씁쓸했다. 특정 음식에 대하여 냄새에 조심하라는 얘기가 나온다고 하니 이는 아마도 코로나19시대로 아무래도 집밥을 많이 먹게 되어 더욱 그렇지 않을까 싶기도 하다. 삼겹살 냄새 때문에 경찰까지 출동했다는 뉴스를 보면서 아파트, 빌라 가리지 않고 속출되는 갈등에 이웃 간에 '그러려니' 하고 넘어가는 문화가 줄어들고 있다는 생각이 들었다. 앞으로는 아파트를 건설할 때 가구별로 전용 배기관 등을 별도로 설치해야 한다는 것을 보면, 단순히 소리나 냄새에 민감한 공동주택에 사는 사람들만의 애환은 아닌 듯하다.

맛있는 것을 먹으려다 냄비까지 태우고, 층간 냄새로 민원이 들어왔다는 뉴스를 보니 문득 잊었던 시간이 떠오른다. 온 동네에 퍼지던 꽁치 굽는 냄새와 감자가 썩어 가던 냄새. 그리고 함께 따라오는 맛있던 시간들. 그 기가 막힌 맛의 시간을 어떻게 잊을 수 있을까. 사라져가는 맛있는 시간이 애틋해진다. 익숙하고 편안한 냄새 속에 피어나던 감자떡이 먹고 싶어졌다. 냉동실에 넣어 두었던 감자떡 몇 알을 꺼내 찜기에 올린다.

(2021. 11. 17.)

3

누군가에게 무엇이 되어

외나무다리에서

지나가는 사람에게서 내 남자의 향기가 난다는 어느 광고 카피라이터처럼, 슬쩍 지나가다가 '어?' 하고 뒤돌아보았다. 내 남자의 향기가 아니라 어디서 많이 본 얼굴이었기 때문이다. 상대방도 고개를 돌려 나를 보다가 서로 눈이 마주쳤다. 그러다가 고개를 갸우뚱하고 아닌가 보다는 마음으로 가던 길을 계속 갔다. 세상에 비슷한 사람이 얼마나 많은데 하며 내가 잘못 본 것으로 생각하고 잊어버렸다.

그러다가 어느 퇴근길에 반찬가게 앞에서 서성거리고 있던 나를 먼저 알아본 사람은 그녀였다. "맞죠?" 하며 내 이름을 반갑게 부르던 그녀는 결혼 전 직장에서 함께 근무하던 김 대리였다. 그때 우리가 친했었는지 아닌지 생각해 볼 겨를도 없이 반갑다고 내 손을 덥석 잡는 그 사람에게 차마 이름이 무엇이냐고 물어볼 수가 없었다. 차차 이야기를 나누다 보면 알 수 있겠지. 핸드폰에 번호를 저장하면 친절하게 이름과 심지어는 그 사람의 생활도 알려주는 카톡이 있으니 말이다. 그렇게 연락처를 주고받으며 그 사람의 이름도 알게 되었고, 가까운 곳에 사는 듯하니, 종종 만나자 하고 헤어졌다.

그러나 사는 게 바빠서였는지 그 이후 잘 만나지 못했다. 같은 업종에서 일하다 보니 바쁜 시기가 대부분 비슷하기도 하고, 조금 시간이 날 만하면 그동안 미뤄왔던 일들을 하느라 딱히 시간을 내어 만날 만한 구실을 찾지 못했을 수도 있다.

그러다가 어느 여름이 시작될 무렵, 그녀를 다시 만났다. 양재천 길을 걷다가 건너편 길로 가기 위해 양재천 가운데 듬성듬성 놓여 있는 커다란 징검다리를 건너려고 할 때였다. 이미 세 개 정도 건너고 있는데 건너편에서 누군가가 징검다리 위로 올라서고 있었다. 분명 내가 건너는 것을 보았을 텐데 그냥 건너오고 있었다. 두 사람이 비켜 가기에는 좁다는 생각이 들어 내가 온 길을 뒤 돌아보았다. 누가 먼저 건너기 시작했는지 생각할 겨를도 없이 나는 돌아서 가기 시작했다.

곧 뒤따라오던 그녀는 무사히 건넜다고 생각했는지, 고맙다는 말도 없이 나를 휙 지나쳐갔다. 뭔가 깊은 생각에 골똘하며 걷느라 나를 보지 못한 듯했다. "저기. 김 대리 맞지?" 흠칫 놀랐다는 표정으로 그녀가 돌아섰다. "무슨 생각을 그리 골똘히 하며 걷는 거야?" 그녀가 주위를 휘둘러보더니 갑자기 한숨을 푹 내쉬었다. 잘 지냈느냐는 인사치레에 시간 괜찮으면 차 한잔하자고 하여 오던 길을 되돌아 같이 걷기 시작했다. 내 이름을 반갑게 부르던 그녀의 모습은 온데간데없이 얼굴에 수심이 가득했다. 무슨 일이 있느냐고 물어보기도 전에 친정엄마가 아파서 병원에 입원했는데 병원비 문제가 걱정이라고 했다. 당시만 해도 집안에 병원에 입원할 만큼 아픈 사람도 없었기에 그 정도가 얼마나 큰지, 부담감은 얼마나 되는지 가늠이 되지 않았다. 단지 그 슬픔만이 내게 전해져 왔다.

나도 애들 교육비로 적잖은 돈이 나가던 때라 얼마나 필요하냐고 묻지도 못하고, 단지 조금 보태줄까 하고 기어들어 가듯이 물었다. '어떻게 그래요.' 말은 하지만, 한 푼이 아쉽다는 말도 했다. 평소에 누구와도 돈거래를 하지 않는다는 나의 인생 철칙은 무너졌다. 다음 달에 적금 만기 되면 꼭 돌려준다는 다짐을 하였고, 나는 전혀 의심하지 않고 2백만 원을 송금했다. 김 대리는 커피는 자기가 사겠다며 어설픈 미소를 보인 채 일어났다. 그렇게 돌아서 가면서 다음 달에 꼭 연락드릴게요 하는 말만 계속 했다.

그리고 연락이 끊겼다. 카톡은 그대로인데 인사를 해도 답이 없다. 읽지 않은 표시도 그대로다. 3개월쯤 지났을 무렵 전화를 했는데, 받지 않는다. 습관처럼 빠르게 포기했다. 그게 내 정신건강을 위해서 좋다고 판단했고, 돈거래를 하지 않는다는 내 인생

철칙을 무너뜨린 대가치고는 혹독하다기보다 어이없다는 생각이 들었다. 다만 엄마의 병원비가 잘 해결되었으면 그만이지 하고 나를 위로했다. '맞아, 그날 양재천 징검다리를 건널 때 김 대리의 눈을 봤어야 해, 너무 아프고 슬프고 위태로워 보였잖아.' 그렇게 생각하고 잊어버렸다.

그 일이 있었던 게 3년 전인가. 어느 날, 저녁을 하고 식탁에 앉아 책을 읽고 있는데 '징~' 하는 핸드폰 소리가 들렸다. '뭐지?' 하고 보니 우리은행으로 '고마워요'님이 200만 원을 입금했다는 메시지가 떴다. 김 대리였다. 이미 잊어버렸다고 생각한 돈을 받아서인가, 저 돈을 주지 못해 얼마나 많이 미안해했을까 생각하니 마음 한쪽이 저릿해 왔다. 여전히 전화는 받지 않는다. 그날 김 대리는 양재천 징검다리에서 나를 마주친 것을 두고 어떻게 생각했을까. 자신의 슬픔을 내가 보았다고 생각해서 부끄러웠을까, 아니면 위로가 되었을까. 돈 얘기여서 자존심이 상할 수도 있었을 텐데 용케 내게 말해 주어서 참 다행이라고 생각이 들었던 건 지금에야 와서 든 생각이지만 돈을 돌려받았기 때문이 아니었을까.

얄팍한 내 마음을 들킨 것 같아서 괜스레 씁쓸했다. 이사 온 이곳은 그런 징검다리도 없는데. 그러고 보면 외나무다리에서는 꼭 원수만 만나는 것은 아닌 듯하다. 드디어 오늘 김 대리에게서 전화가 왔다. 다음 주 만나러 간다.

(2022.10. 4.)

Dancing in the rain

비는 그칠 줄 모르고 계속 내리고 일기예보도 비 소식 뿐이다. 더위가 없어서 다행이다 싶지만, 극한의 무더위를 겪고 있는 유럽을 보고 있노라니 이 비를 적당히 나누어 그들에게 보내주고 싶은 마음이다. 모처럼 멋을 내어 구두를 신고 출근했는데 창밖을 보니 비가 내린다. 비 오는 날, 특히 비가 내리는 모습을 요즘 말로 비 멍(비가 내리는 모습을 멍하니 쳐다보는 것)하듯이 쳐다보는 것을 아주 좋아한다. 때로 장화라도 신고 철벅거리며 걸어 다니고 싶다. 뉴스에서 학생인 듯한 친구 둘이 어깨동무를 한 채 비를 맞으면서 스케이트 타듯이 서로를 밀면서 가는 모습을 보니 문득 오래전 그날이 생각난다.

대부분 업무가 전산화가 된 지금도 상반기는 바쁜데, 손으로 직접 입력하고 계산기를 두드려 업무를 보던 그 시절은 두말할 필요도 없었다. 야근은 당연하고, 심지어 집이 먼 곳에 있는 직원들은 밤새워 일하던 때였다. 가까운 사람들에게조차 어떻게 살아가고 있는지 안부를 물어보거나 살펴볼 겨를이 없을 만큼 바쁜 매일이었다. 물리적으로 시간이 부족했고, 마음의 여유 또한 없었다. 손으로 직접 하는 일은 경력이 많고 적고를 떠나서 절대적으로 들어가는 시간이었다. 다들 신경이 날카로워져 사소한 문제에도 예민하게 반응하고 날을 세웠다.

곧 신고 마감일이 임박했는데도 진도가 나아가지 않고 제자리에 머물러 있어 누구라도 좀 도와주었으면 했다. 제한된 시간에 해야 하는 일이기에 계산해줄 사람이 있다면 시간이 단축되고, 업무 처리가 빨리 될 것 같아서 대표님께 말씀드렸더니, 대학교에 다니는 아들이 마침 방학이라 집에 있는데 오라고 해야겠다는 것이다. 잘 되었다 싶어서 친구들도 데리고 오라고 했다. 젊은 친구들은 오자마자 해야 하는 일에 대해 간략하게 설명을 듣더니 바로 자신들의 노트북을 열고 일하기 시작했다.

늦은 밤의 퇴근이 반복되었고, 그날따라 컴퓨터마저 말썽을 부려 업무가 마비되어 버렸다. 어쩔 수 없이 퇴근해야 했고, 내일은 더 늦은 시각까지 야근해야 할 것 같은 생각에 머릿속이 복잡해지고, 마음은 초조해졌다. 며칠 동안 계속 내리는 비로 곳곳에 크고 작은 물이 고여 있었다. 피곤한 마음에 택시를 타야겠다고 생각했다. 집이 같은 방향이었던 학생 두 명이 따라나섰다. 아무래도 사무실에서 내가 맡은 직책이 있다 보니 다들 나를 어려워하겠다고 생각했고, 특히 그날은 진도가 나가지 않는 업무에 스스로 자책하며 우울해하고 있던 터였다.

어색한 침묵 속에 걷던 중, 한 학생이 장난기 가득한 표정으로 다른 학생에서 물웅덩이의 물을 튕겼다. 그러자 둘은 서로 질세라 물웅덩이를 찾아 물장난하기 시작했다. 그때까지도 나는 심란한 마음에 별생각 없이 그들이 하는 장난을 무심하게 바라보며 걷고 있었는데, 갑자기 내 바지에 물이 튕겨 왔다. '아, 이게 뭐람. 오늘은 왜 이렇게 되는 일도 없이 짜증만 나는 건지.' 인상을 잔뜩 쓰면서 고개를 들고 두 학생을 쳐다보았다. 둘은 얼어붙은 채 서로 눈치만 보면서 서 있었다. 순간 픽 웃음이 나고 말았다. 물에 빠진 생쥐 같은 표정으로 나를 쳐다보는 표정이 '이젠 죽었구나.' 하는 듯했다. 순간 번쩍 정신이 들었다. 업무의 흐름이 느린 것도, 컴퓨터가 이상한 것도 그 학생들 잘못이 아닌데, 괜히 뾰족하게 감정의 날을 세운 못난 내가 서 있었다.

이 순간 화를 내면 정말 우스운 꼴이 될 것 같았다. 누군가가 내게 마치 이미 일어난 일은 그만 걱정하고, 내일 일은 내일 다시 고민하라고 하는 듯했다. '에잇, 나도 모르겠다.' 나도 그 학생들에게 물웅덩이의 물을 힘껏 튕겼다. 그제야 환하게 웃고 있는 두 학생이 보였고, 행복한 기운이 주위로 퍼져나가는 듯했다. 「사랑은 비를 타고」라는 영화에서 보면 「singing in the rain」이라는 노래가 있다. 축축한 빗속에서 어떻게 노래가 나올까 싶었는데 막상 아이처럼 물장구를 치고 나니 재미있어서 이런 느낌이구나 싶었다.

아이들이 어릴 때 어쩌다 비가 오는 날 외출을 하면, 꼭 물웅덩이를 그냥 지나치지 않고 첨벙거리며 걸었다. 행여나 다치기라도 할까 봐 전전긍긍하였으나, 오히려 아이들은 아무 일 없다는 듯이 즐겼다. 생각해보면 삶이란 늘 쨍한 날만 있는 게 아니라, 비도 내리고 눈도 오고 때때로 바람도 부는 날들이 있지 않은가. 그럴 때면 힘들다고 주저앉지 말고 그냥 그 상태로 즐기며 살아도 좋겠다. 특히 누군가와 함께 무엇을 한다는 건 생각보다 아주 많은 힘을 얻는 일이기에 나는 아이들과 비 오는 날을 즐겼다. 억지로 힘내려고 노력하지 않아도 되고, 주책이라고, 누가 보면 웃긴다고 하겠지만 말이다.

비가 내리는 오후. 차 한잔을 들고 창가에서 거리를 내려다본다. 할머니 손을 잡고 자기 키만큼이나 큰 우산을 들고 어린 꼬마가 물이 고인 곳을 찾아서 첨벙거리며 걷는다. 나도 하고 싶다는 생각에 그만 피식 웃음이 났다. 나이를 먹어도 내리는 비의 감성은 어릴 때 느꼈던 감성과 크게 다르지 않나 보다. 살다 보면 오늘처럼 예상하지 못하고 비를 맞을 때가 있다. 그럴 때 나는 이렇게 말하고 싶다. 비는 곧 그칠 거예요. 우리 물 첨벙 하실래요?

(2022. 9. 8.)

말 한마디에 고기 두 근이 더 생긴다더니

아주 오래전 책에서 읽었던 글인데, 내용은 대강 이러했다.

백정 출신 천 영감이 푸줏간을 운영하고 있었는데 어느 날, 양반 두 사람이 고기를 사러 왔다. 먼저 한 사람이 말했다. "어이 백정! 여기 쇠고기 두 근만 끊어봐." "그러지요. 나리" 천 영감이 솜씨 좋게 칼을 놀려 고기를 잘라 주었다. 이번에는 뒤에 서 있던 양반의 차례였는데 백정이라는 천한 신분이기는 하지만, 나이가 자기보다 한참이나 많은 사람한테 반말하기가 거북해 약간의 예의를 갖추었다. "천 서방, 여기 쇠고기 두 근 주시게" "예, 고맙습니다. 나리!" 천 서방이 즉시 고기를 잘라 주는데, 똑같은 두 근인데도 불구하고 앞엣것보다 갑절은 더 커 보였다. 먼저 고기를 산 양반이 화를 참지 못하고 따졌다.

"이 백정 놈아! 같은 두 근인데 어째서 이 사람 것과 내 것이 이렇게 차이가 나느냐?" 그러자 천 영감은 이렇게 대꾸하는 것이었다. "그야 이유가 있죠. 고기를 자른 사람이 달라서 그렇습니다." "에라, 이 백정 놈이 실성했나? 이놈아 방금 네놈이 둘 다 자르는 것을 보았는데도 무슨 헛소리를!" 천 영감의 대답이 걸작이었다. "물론입죠. 하지만 손님 고기는 백정이 자른 것이고 이 어르신 고기는 천 서방이 잘랐습니다."

흔히 사람들은 내가 종사하고 있는 업종의 여직원들의 나이가 어리리라 생각을 많이 하는 것 같다. 아니 나처럼 나이가 많은 사람이 근무할 거라는 생각을 하지 않는 것일지도 모르겠다. 그래서인가, 전화를 받다 보면 나는 업무의 특성상 상대방의 이름이나 직위와 나이를 알고 있음에도 불구하고, 상대방은 다짜고짜 반말에 다분히 지시적인 경우가 간혹 있다. 자신이 요구한 일을 먼저 해주기를 바라고, 합당하지 않는 이유로 세금을 무턱대고 적게 낼 수 있도록 해달라고 요구한다. 물론 악의가 없었다고 하더라도 당황스럽고 서운한 마음이 드는 것은 어쩔 수 없다. 어느 광고에서 "사랑합니다. 고객님." 했다고 전화 한 고객이 감정이 상해 "사랑하지 마세요."라고 했다는 우스갯소리도 한동안 회자된 적이 있었다. 은연중에 내가 '을'의 입장임을 주지시키는 듯한 말투이다.

반대로, 어떤 거래처 대표님은 내가 있어서 얼마나 든든한지 모르겠다고 한다. 심지어는 내가 실수를 해도 순전히 내가 했기 때문에 맞으리라 생각이 들며 믿음이 간다는 것이다. 믿고 맡긴다는 진심 어린 말 한마디에 나는 힘든 일도 마다하지 않고 열심히 하게 된다. 내가 직장생활을 하면서 글을 쓴다는 것을 알게 된 사람들은 열심히 사는 모습이 보기 좋다고 하고, 나를 응원한다고 말해준다. 이런 공감 어린 말 한마디에 힘을 얻고, 행복한 마음으로 즐거운 직장 생활을 하는 사람이 될 수 있게 한다. 말 한마디에 천 냥 빚도 갚는다는데. 사소한 말 한마디가 용기를 갖게 하고, 미소를 짓게 하며, 따뜻하고 긍정적인 마음을 갖게도 한다.

며칠 전 출근길에 엘리베이터 안에서 귀여운 여자아이를 만났다. 5살 정도 된 듯했다. 아빠 손을 잡고 엘리베이터를 타면서 나를 빤히 쳐다본다. 내 얼굴에 뭐가 묻었나? 하면서 거울을 들여다보고 다시 꼬마를 보자 "안녕하세요?" 하고 인사를 한다. 이럴 때 보통 "어머나, 예쁘구나."라고 하면 안 된다고 둘째 딸아이가 했던 말이 기억났다. 그런 말은 은연중에 예뻐야 칭찬받는다는 고정관념을 심어줄 수 있기 때문이란다. 그냥 어떤 행동으로 인해 나의 기분이나 감정이 어떠한지를 구체적으로 칭찬해주는 게 좋다는 것이었다. 나는 "아침에 이렇게 인사를 받으니 아줌마가 너무 기분이 좋네. 고마워. 우리 꼬마 친구도 오늘 하루 행복하게 지내요." 했다. 그러자 예상하지 못한 응대를 받았다고 생각하는지 아빠 손을 꼭 움켜쥐며 뒤로 숨었다. 엘리베이터가 1층에 도착하여 내리게 되었고, 나와 그 아이의 아빠가 동시에 서로 멈칫했다. 먼저 내리라고 손으로 신호를 보냈다. 아빠 손을 잡고 내리면서 그 아이가 뒤돌아본다. 내가 손을 흔들어 주자, 아이 아빠가 "우리 가영이가 인사를 잘한다고 칭찬해 주시는 거야."라고 말했다. 그 꼬마 아이는 나를 향해 웃음을 보이며, "나도 알아. 그러시는 것 같아." 한다. 빙그레 미소가 지어지면서 덕분에 나의 하루도 행복하겠다고 생각했다.

깊은 애정과 응원이 첨가된 존중하는 한마디는 얼마나 큰 힘을 가졌는가. 칼에 베인 상처는 쉽게 아물어도 세 치 혀끝에서 나온 말로 베인 상처는 더디 아문다고 한다. 작은 말 한마디가 희망이 되고, 에너지를 샘솟게 하며, 불가능해 보이는 일을 가능하게도 한다. 동기부여를 높여주고 사람을 긍정적으로 변화시키는 말 한마디의 지혜가 진정으로 필요하다. '칭찬은 고래도 춤추게 한다.'고 하지 않던가. 퇴근 시간이 다 되었는데 급하게 서류를 요청하는 전화를 받았다. 친절하고 빠르게 업무처리를 해주어서 고맙다고 한다. 늘 해주는 일이건만 상대방에게서 따스함과 정다움이 묻어난다. "옜소~ 고기 덤 받으시오!~"

(2021. 12. 2.)

누군가에게 무엇이 되어

그 아이는 몇 개월 뒤면 초등학교에 입학하게 되는 7살 남자아이였다. 해마다 반복되는 숫자와의 지루한 싸움에 염증을 느낀 내가 이직을 하겠다고 면접을 보러 간 유치원 입구에서 마주쳤다. 두 손을 배꼽 앞에 고이 모은 채 고개를 숙여 인사를 하는 모습이, 나를 선생님으로 알고 있는 것인지 아니면 손님에 대해 인사를 하는 것인지 알 수 없었지만 나도 고개를 끄덕이며 웃어주었다. 다음 주부터 출근하라는 얘기를 듣고 나오면서 흘깃 쳐다본 창문 너머로 다리에 보조기구를 착용한 채 조금은 불편한 모습으로 앉아서 열심히 꿈나무를 그리고 있는 그 아이가 보였다.

나는 5세 병아리 반의 보조 담임교사였다. 첫 출근 하던 날, 어색한 분위기와 낯선 환경 속에서 등원 시간에 맞춰 유치원 입구에서 부모님 손을 잡고 등원하는 아이들을 맞이했다. 엄마 손을 놓지 않으려는 듯이 꽉 쥔 손에는 힘이 들어가 있고, 선생님께 인사를 하면서도 신발은 벗지 않은 채 멀뚱멀뚱 서 있는 아이들에게 다가가 사랑으로 손을 내밀고 맞이하는 거였다. 대학을 갓 졸업하고 온 젊은 선생님들과 달리 나는 이제 막 초등학교에 입학시킨 자녀가 있는 엄마 선생님이었다. 그래서인지 몰라도 아이들은 나를 신기해했고, 고맙게도 내가 보내는 손길에 별다른 경계심 없이 다가와 주었다.

어느 날 아침, 아이들 등원 맞이를 모두 마치고 뒷정리를 하고 교실로 들어가려고 하려던 순간, 어디에선가 다급하고 조심스럽게 선생님을 애타게 부르는 소리가 들렸다. 그 아이였다. 화장실에서 응가를 했는데 뒤처리를 부탁하는 소리였다. 나는 무슨 반이냐고 물어본 다음, 해당 교실로 가서 선생님께 얘기했다. 그 아이의 담임 선생님은 다른 아이가 어질러 놓은 교실 바닥을 닦으면서 나더러 대신 부탁한다고 말했다. 그 아이에게 다시 가서 선생님이 지금 조금 바쁘시니까 내가 도와주어도 되겠냐고 물어보았다. 빨갛게 상기된 얼굴로 고개를 끄덕이며 내가 잘 해결할 수 있도록 그 아이는 고개를 앞으로 숙여 주었다. 고맙다고 인사를 하고 자기 교실로 돌아간 아이는 점심시간에 막대사탕 하나를 갖고 왔다. 신세를 졌음에 대한 인사라고 생각이 들었지만, 이제 겨우 7살인 그 아이가 너무 기특해서 나는 꼭 안아주었다.

그 이후 툭하면 그 아이는 화장실에서 '병아리반 선생님'을 불러댔다. 선생님들은 담임 선생님이 하도록 못 들은 체하라고 했지만, 내 아이의 다급한 목소리 같아서 나는 수업에 큰 무리가 없으면 가서 그 아이의 뒤처리를 해 주었다. 어느 순간부터는 그 아이의 담임 선생님도 은근히 내가 하는 것에 대해 당연하다는 듯이 생각했는데, 생리적인 현상을 두고 아이를 미워하면 안 된다고 생각을 하면서도 비위가 약한 내가 밥을 먹다 말고 뛰어가기란 쉬운 일이 아니었다.

어느 날은 불러서 가보면 아직 멀었으니 조금만 기다려 달라고 하고, 또 어느 날은 아침에 아빠한테 혼났다는 얘기도 했다. 변기에 앉아서 "선생님, 거기 계세요? 선생님, 어디 가지 마세요." 하면서도 이런저런 얘기를 종알대며 했다. 하루는 왜 나만 부르느냐고 물었더니 "선생님은 제가 싫으세요?" 한다. "아니, 싫은 건 아닌데. 사실 선생님도 비위가 약하거든. 그런데 네가 계속 나만 찾으니까 그렇지." 그러자 "나는 선생님이 좋은데. 앞으로는 선생님 식사하시면 알려주세요." 한다. 심장 한쪽이 저릿해 왔다. 그 아이는 초등학교에 가서도 내가 미처 1년도 채우지 못하고 그만둘 때까지 유치원에 와서 일과를 얘기하다가 갔다.

지난 추석에 언니와 통화를 하면서 작년 엄마가 중환자실에 계실 때, 24시간 엄마를 병간호했던 일을 얘기했다. 그 일에 대하여 언니는 평생 살면서 엄마를 위해 한 일 중 가장 의미 있는 일인 것 같다고 했다. 엄마를 가까이에서 보살피면서 얼굴에 나타나는 표정과 몸짓만으로도 엄마의 감정을 읽을 수 있었는데,

아주 작고 소소한 일에도 엄마는 아기처럼 즐거워하고 행복해하다가도, 어느 때는 눈을 흘기면서 서운함을 나타내기도 했다는 것이다. 또 어느 때는 먼 허공을 바라보시며 슬픈 눈을 하고 계셨다고 했는데, 어쩌면 엄마는 언니의 병간호를 받으시면서 당신 스스로 어떻게 할 수 없는 현실에 대하여 안타까움과 미안함이 있지 않았을까 생각했다.

지금, 이 순간 내 곁을 지켜주는 누군가가 있다는 것만으로도 우리는 얼마나 큰 힘을 얻는가. 어느 날의 어느 한순간을 함께 했던 누군가를 기억하는 것만으로도 큰 위로가 되고 가슴 저 밑에서부터 따뜻해짐을 느끼게 된다. 우리는 태어나면서부터 가장 친근한 손길의 보살핌 속에서 자란다. 맛있는 음식을 먹여주고, 행여 잠을 설치지나 않을까 자리를 돌봐주며, 내가 감추고 싶어 하는 부분까지도 세심한 보살핌을 받는 것이다. 누군가를 위해 베풀게 되는 작고 사소한 일들과 그런 존재가 있다는 것만으로도 우리는 살아가는 충분한 이유가 된다. 힘들고 외로울 때 가까이에서 손을 잡아주고 위로의 말을 건네는 것. 누군가의 삶에 의미 있는 무엇이 된다는 것은 그런 게 아닐까. 소중한 존재라고 굳이 말하지 않아도, 엄마가 우리들을 사랑으로 키워주신 것처럼, 그 아이에게 내 손길이 필요했던 것처럼, 언니가 엄마의 마지막 길을 보살펴 드린 것처럼.

(2021.10. 6.)

어떤 사명감

너무 오랫동안 어떤 일에 몰두해 있다 보면 온통 생각이 그리로 집중되어 일상적으로 돌아와 익숙해지기까지 어느 정도 시간이 든다. 요즘이 그렇다. 누가 그렇게 하라고 등 떠민 것도 아닌데 허구한 날 이번만 하고 끝내야지, 끝내야지 마음만 수백 번 다짐하고도 여전히 이 일을 하고 있다. 아마도 자신이 잘 못 느끼더라도 어떤 일에 사명감 같은 것이 생겨야 그 일에 푹 빠져드는 것이라 생각된다.

잠시 권태기가 와서 다른 일을 해보기도 했었다. 아이들을 가르치는 일. 이론과 현실은 다르다고 다들 입을 모아 말들을 해도 나는 배운 대로 아이들의 눈높이에 맞추어 좋은 선생님이 되어야지 하면서 발을 들여놓았다. 물론 아이들을 예뻐하는 마음이야 그때나 지금이나 변함이 없다. 맑고 순수한 그 영혼. 아무런 계산 없이 마음이 느끼는 대로 손을 내밀고 웃어주는 그 아리따운 마음. 그러나 실상은 아이들을 예뻐하는 것과는 거리가 멀었다. 함께 일하는 선생님들과 주변의 열악한 환경들. 양심 없는 어른들이 어린아이들을 상대로 저지르는 무언의 폭력들을 보아야만 했다. 속수무책으로 당하는 것조차도 느끼지 못하고 해맑게 웃어주던 아이들 속에서 나는 매일매일 알 수 없는 죄책감에 시달렸다.

그리고 무엇보다도 내 노동에 대한 터무니없이 낮은 월급. 그저 아이들이 좋아서 선택했다고 하기에는 그 이유가 너무 옹색하고 눈물겨워 나는 그 일을 떠났다. 나를 붙잡아 줄 사명감이 약했던 거다. 이따금 뉴스에서 들려오는 어린이집이나 유치원에서의 아이들에 대한 물질적 정신적 학대를 보면서 내가 예전에 근무하던 당시의 환경이 떠 올랐다. 아직은 세상에 대하여 어떤 옳고 그름의 기준이 없이 순수한 마음으로 다가가는 아이들을 대하는 사람이라면, 적어도 최소한의 양심과 미래의 꿈나무들을 키우고 있다는 어떤 사명감 같은 것이 있어야 한다고 생각한다.

그리고 다시 세무회계 쪽으로 발길을 돌렸다. 싫어서 떠났다가 다시 찾은 만큼 약간의 공백기라도 밀어내려고 열심히 최선을 다하여 이 일을 다시 시작했다. 무엇이든 성실히 하는 성격답게 나는 나만의 커리어를 쌓아가면서 인정도 받고, 남들은 열정 페이니, 노동력 착취니 할 때도 나름 괜찮은 연봉을 받으면서 일하는 여성으로 자리매김해 나갔다. 아니, 남들보다 수십 배는 아니어도 적어도 다섯 배쯤은 노력했다는 게 맞을 듯싶다.

그게 내 성격이니까. 모든 일을 다 기억하지 못하는 만큼 항상 기록하는 습관을 들였고, 일을 처리하면서 상대방의 원하는 바를 파악해서 그들의 간지러워하는 부분을 잘 긁어주려고 노력했다. 책을 찾아보고, 전문가의 도움을 받아 새롭게 알게 된 지식은 두 번 세 번 읽고, 설명을 듣고도 이해가 되지 않을 때는 차라리 내용을 외워버려서 누군가 내게 물어보기라도 한다면 그들이 듣기를 원하는 맞춤 대답을 시원하게 한마디로 핵심만 콕 들려주었다. 생각해보면 얕은 지식으로도 그들에게 신뢰를 얻었으니 때로 미안하기도 했고, 그래서 더 열심히 노력했다. 간혹, 어깃장을 부리는 사람이 있어도 어쩐 일인지 그들은 그게 본심이 아님을 내게 금방 드러내었고 나 역시 그리 인생 오래 산 세월은 아니어도 그만하면 이해해 줄 수 있다는 너그러운(?) 마음이 들고는 했다.

'적당히'를 넘어선 친절을 요구하는 사회, 대접받고 치켜세워주기를 원하는 사람들 틈 속에서 내 의사와 상관없이 정확하고 빈틈없는 나를 요구하는 그들을 볼 때가 있다. 때로 그들은 눈에 보이지 않는 누군가와 이유 없이 경쟁하고 작은 실수도 참아주지 않으며, 다른 사람의 말을 끝까지 들어주지 않을 때도 있다. 그래도 분명 누군가 처음 걸어가고, 또 누군가 그 길을 가고, 그러다 어느 순간 그들이 지나갔던 길이 우리에게도 길이 되는 것처럼 분명 그들도 이해하고 서로의 눈높이에서, 입장에서 바라보기도 한다는 것을 나는 잘 안다.

간혹 주위에서 '왜 이렇게 죽자 살자 하고 있는지 모르겠다'라는 얘기를 들을 때가 있다. 어제까지 함께 했던 동료가 더는 못해 먹겠다며 떠나는 모습을 볼 때면 왠지 그런 자리에 남아 있는 나 자신이 초라하게 느껴질 때도 있다. 눈에 보이지 않는 팽팽한 신경전속에서 서로 '양보 = 지는 것'이라는 이상한 공식을 세워두고, 양보는 미덕이라는 옛말은 그저 자라나는 새싹들에조차도 얘기하기가 민망하리만치 그렇게 소위 '어른'의 모습을 '철듦'이라는 이유로 내게 아무렇지도 않게 요구하기도 한다.

억울하기도 해서 화장실에서 몰래 눈물을 훔치다가도 자리에 앉으면 다시 현실과 맞서 외롭고 지루한 숫자와의 싸움을 계속해야 하는 현실. 누가 알아주지 않아도 눈뜨면 지루하게 반복되는 일들이지만, 그런데도 우리끼리 서로 위로하고 보듬으며 살아간다.

지나온 시간을 돌아보니 어쩌면 일 때문에 힘들었다기보다 사람 관계로 인해 지친 것이 아닌가 하는 생각이 든다. 휴식 없이 달려왔기 때문이기도 하겠다. 일 년의 절반을 고된 업무에 파묻혀 나를 돌볼 시간도 없이 지나와서 그런 거라고. 좋은 마음을 갖고 열심히 달려오는 동안 그들은 나에게 신뢰를 보내주었고, 덕분에 나는 지금 이 자리까지 올 수 있었다고 생각한다. 점점 세분화되고 전문화되어 까딱 잘못하면 생각보다 큰일이 생기는 건 맞다. 누군가에게는 그저 먹고살기 위한 일일 수도 있는 이 일을 나는 천직이라고 생각하면서 열심히 달려오는 동안 즐겁기까지 하니 이 얼마나 행복한가. 내게는 아마도 어떤 사명감 같은 것이 있었던가 보다. 오늘 신입사원이 들어왔다. 나의 그런 작은 마음이 그 누군가에게는 씨앗으로 심어졌기를 바라본다.

(2021. 6. 1.)

학습된 무력감

지난해 초, 신입사원 K가 입사했다. K는 사회에 첫발을 내딛는 직장인이었다. 그러니 경력 사항은 없었다. 자격증란을 보니 세무회계에 충분히 관심 있는 것 같았다. 내가 근무하는 업종은 열악한 근무환경과 낮은 임금으로 직장인들이 선호하는 자리는 아니다. 때에 따라서는 1년에 절반은 야근하고, 3년 경력까지의 급여는 타 업종에 비하면 품위유지도 겨우 할 정도이다. 그러다 보니 시간이 흐를수록 처음 입사할 때의 열정은 금방 식어버리고 이직률은 높다. 더구나 세월은 변했어도 을의 위치는 여전하고 달라진 게 없는 현실이다.

출근 첫날 점심을 먹으면서 K는 직장 구하기가 하늘의 별 따기보다 더 힘들다고 하였다. 학생 시절에는 실패에 대한 두려움도 없었고, 열심히 하면 좋은 결과가 온다는 믿음으로 살았다는 거였다. 그러다가 졸업을 하고 취업 준비를 하면서 자신에게 냉정한 사회를 보았다고 했다. 이력서를 제출하여도 면접 보자고 하는 곳도 드물었는데, 면접 보고 나서 합격했다는 곳은 더 없었다면서 자신이 사회에서 낙오자가 된 것 같아 허탈함과 절망스러움에 견디기가 힘들었다고 하였다. 나의 20대 시절이 생각났다.

회계사 시험을 보겠다고 잘 다니던 대기업을 그만둘 때만 해도 희망이 있었다. 여직원은 결혼하게 되면 다니던 회사를 아무런 이유 없이 그만두어야 하는 당시의 세태가 마음에 들지 않았다. 자격증을 갖게 된다면 내가 일을 하고 싶은 한 계속할 수 있을 거라는 생각이 있었다. 그러나 시험에서 번번이 낙방하자 내 가치가 낮아지는 것 같았다. 내가 겨우 이 정도인가 자조적인 생각만 들었고 거듭되는 실패로 인한 무력감은 내 젊음을 앗아가는 것 같았다. 이러다가 아무것도 되지 못할지도 모른다는 두려움에 어디라도 취업을 해야겠다고 생각했다. 그렇게 취직을 하여 어느덧 30년의 세월이 흘렀다. 가끔 그때 계속 공부를 하였더라면 하는 생각도 했지만, 그렇다고 해서 지나온 나의 시간이 후회스러운 것은 아니다.

세금과 관련된 일을 하다 보니 늘 긴장의 연속이다. 자주 바뀌는 법에 대하여 어느 정도 지식을 갖고 있어야 하고, 세금에 대하여 상담을 하면 그들이 이해할 때까지 반복적으로 설명해 주어야 한다. 50대 후반으로 가고 있는 내가 아직 일을 하고 있는 이유는 경력이 쌓일수록 대우가 달라지는 것을 느낄 뿐만 아니라, 자기 만족도도 높다는 게 가장 크다.

K는 적극적이었다. 뭐든 먼저 하려고 일어났고, 질문도 많았다. 내가 늦깎이로 처음 이 일을 시작하던 때가 생각났다. 설명을 들을 때는 다 아는 것 같은데 돌아서고 나면 무슨 말을 들었는지 머릿속이 백지장처럼 하얗게 되던 시절이었다. 같은 질문을 여러 번 한다는 게 바보 같았고, 선배들을 귀찮게 하는 것 같아서 밤늦게까지 남아서 메모해 놓은 자료를 보면서 공부하고 찾아보고 했던 기억이 있었다. 그래서 내가 만약 사수의 위치에 있게 된다면 후배들에게 친절하게 설명을 하고 가르쳐주리라 생각했다. K는 내가 설명을 해 주면 잘 따라와 주었고, 이해하는 것 같았다. 그래서 나는 K가 잘 적응하고 있는 것으로 생각했다.

그런데 어느 날, 퇴사하고 싶다고 하였다. 여러 사람과 전화하는 것도 두렵고 해마다 바뀌는 세법도 적응하기 힘들다는 거였다. 몇 번씩 나에게 똑같은 내용을 물어보고 내가 설명해 주어도 돌아서고 나면 잊어버리는 자신이 바보 같다고 했다. 처음 3년 정도는 누구나 다 그렇다고 얘기를 해도 소용없었다. 내가 혹시 바보는 아닌가? 나는 구제 불능인가? 하는 생각이 수시 때때로 든다는 것이었다. 결국 K는 그만두었다.

셀리그만이라는 심리학자는 이런 경우를 '학습된 무력감'이라고 하였다. 이는 스스로 통제할 수 없는 어떤 경험을 겪고 나면 후에 같은 경험에 대처하려는 동기가 감소하여, 자극을 회피하는 방법이 있다 하더라도 그것을 학습하는 데 어려움을 겪는 것을 말한다. 우리는 현재 처한 환경에서도 얼마든지 나를 향상할 수 있고 성취감을 느낄 수 있다. 나는 안 돼, 할 수 없어 등의 무력감이 학습되어 자신의 능력과 미래까지도 그렇게 부정적으로 인식하는 것은 안타까운 일이다.

일을 잘하지 못한다고 생각하는 사람들, 거래처 사람들의 상담전화를 두려워하고 새로운 것을 배우는 것에 주춤하는 사람들은 어쩌면 학습된 무력감에 빠진 것은 아닌지. 설명을 듣다가 조금 어렵다고 느끼게 되면 자신도 모르게 회피하고 고개를 돌려버리는 습관. 그렇게 되다 보니 계속 모르게 되고, 모르는 것이 쌓이니까 또 새로운 것을 알려고 하지 않게 되는 것이다. 그들은 원래 잘해, 나는 못 해, 나는 안 돼 하면서 스스로 날아 보려고 생각하지 않는 미운 오리 새끼가 사실은 백조였다는 것을 우리는 자주 간과하는 것 같아서 안타깝다.

나는 이 땅의 모든 K와 같은 젊은이들에게 꼭 말해주고 싶다. 삶의 긴 여정 속에서 우리는 때로 원하지 않은 걸림돌을 만나 넘어지거나, 포기하고 싶을 만큼 고통을 느낄 수가 있다. 그러나 인생의 길에는 정답이 없다. 조금 돌아간다고 생각해도 결코 늦지 않고 어쩌면 그런 과정은 누구나 다 겪을 수 있고 또 한 겪어왔을지도 모를 자연스러운 일이라고. 그러니 아무것도 잘할 수 있는 것이 없다고 스스로 판단하고 지레 겁먹고 기죽지 마라고 말해 주고 싶다. 아직 시간은 많고, 삶이 언제 어떻게 바뀔지는 아무도 모른다. 무력해지지 않고 다시 일어날 수 있도록 나는 그들에게 용기를 주고 손을 내밀어 함께 가자고 응원하고 싶다. 이 땅의 모든 K가 아름답게 날아오르기를 바라면서.

급히 먹는 밥이 체한다

아침 일찍 출근하는 남편이 문 앞에 놓인 택배 상자를 현관 앞으로 들여놓는다. 인터넷으로 새벽 배송 주문을 한 신선식품이 도착했다. 어젯밤에 주문했는데 아침 6시에 이미 도착한 것을 보면서 정말 빠르긴 빠르다. 새벽 배송을 위해 기사님은 얼마나 일찍 일어나셨을까? 며칠 전 뉴스에서 나왔던 택배 노동자의 과로사가 떠올랐다. 하루 24시간 가운데 14시간 일을 한다고 하였다. 그들의 엄청난 노동시간과 열악한 근무환경, 그리고 부당한 대우가 문제였다. 하루에 배달해야 하는 물건의 개수는 그들이 근무시간 이내에 도저히 전달할 수 없는 수량으로, 식사 시간이나 휴식 시간마저 반납한 채 일할 수밖에 없다는 것이었다.

기업은 '스피드 경영'을 내세우며 속도를 강조하고 있

고, 실제로 속도가 생명인 배달이나 택배업체의 경쟁은 마치 전쟁터를 방불케 한다. 하루에 미처 다 소화할 수도 없는 물건을 꾸역꾸역 밀어 넣으며 '빨리빨리'를 외치고 있으니 과부하가 걸리는 것은 당연하다. 그들에게도 인간다운 삶을 살 수 있는 양질의 환경을 제공하여야 한다는 목소리가 나왔다. 아무도 책임지지 않는 어느 노동자의 죽음은 어쩌면 또 다른 우리의 모습인 것 같아서 우울했다.

지난달 초, 친구와 둘이 영화를 보기로 약속을 잡았다. 친구는 만나자마자 밥부터 먹자고 했다. 영화만 볼 줄 알았는데, 저녁까지 먹을 거라면 더 일찍 약속을 잡을 걸 그랬다. 시간이 빠듯했다. 우리가 간 곳은 마라탕 전문 고기 뷔페 점이었다. 친구는 그 식당의 할인권이 있는데, 유효기간이 얼마 남지 않았으니 먹고 가자고 재촉했다. 주문하고 음식이 나오기까지 시간이 빠르게 흘렀다. 나는 무엇이든 미리 준비하고 계획해서 하는 것을 좋아하지만, 친구는 즉흥적이다. 배고프다는 친구의 손에 끌려 들어간 식당에서 내 마음은 영화가 시작되기 전에 들어가야 한다는 생각만으로 가득 찼다.

그러나 친구는 영화보다는 마치 나와 밥을 먹으러 온 것처럼 들떠 있었다. 그런 친구에게 밥을 그만 먹고 빨리 가자고 도저히 말할 수가 없었다. 시간이 흐를수록 마음은 조급해지기 시작했다. 즐거워하는 친구를 앞에 두고 내색도 할 수 없어 어쩔 수 없이 나도 마음을 비워야만 했다. 광고가 끝나는 시간까지만 들어가면 된다고 생각했다가, 영화 시작 부분은 좀 못 봐도 괜찮다고 나를 위로했다. 그러다가 그냥 친구에게 영화를 포기하자고 했다. 그랬더니 친구는 지금이라도 뛰어가면 되니까 일어나자고 한다. 식사하고 소화를 시킬 시간도 없었다.

영화관 입구에서 열을 체크하고, 코로나19 인증도 하느라고 시간이 또 지체되었다. 엘리베이터를 기다릴 수가 없어서 계단을 뛰어가자는 친구 말을 듣고 뛰기 시작했다. 영화는 막 시작한 듯했다. 가쁜 숨을 몰아쉬며 자리에 겨우 앉아서 서로 마주 보고 웃었다. 영화가 한참 재미있어지고 관객들은 여기저기서 웃기도 했다.

갑자기 옆자리에 앉은 친구가 내 손을 꽉 잡았다. 나는 친구를 바라보았다. 어둠 속에서도 친구에게 이상이 생긴 게 분명히 보였다. "너 왜 그러니?" 하고 묻자 친구는 힘이 없는 목소리로 체한 것 같다고 말했다. 영화관에 오기 전 들른 식당에서 나는 마음이 조급해 별로 먹지 않았는데, 친구는 배가 고팠다면서 허겁지겁 먹었던 게 화근이 되었나 보다. 아파하는 친구를 그냥 둘 수가 없어 데리고 나왔다. 식은땀을 흘리면서 배를 움켜쥐고 있는 친구에게 잠깐 앉아서 기다리라고 하고 약국으로 뛰어갔다. 자초지종을 말하고 알약과 소화제를 사 와서 친구에게 건넸다. 약을 먹었음에도 친구는 쉽게 기력을 회복하지 못하고 영화관 의자에 길게 모로 누워 신음을 냈다.

저녁 식사할 때 영화는 다음에 보자고 미리 말하지 못한 게 후회가 되었다. 그랬으면 친구가 급하게 밥을 먹지 않아도 되었을 테고, 그러면 이런 사달이 나지 않았을 텐데. 약을 먹고도 안 되면 병원 응급실로 가야 한다는 약사 선생님의 말씀이 생각나서 마침 가까이에 대학병원이 있으니 그리로 가야겠다고 생각했다. 한참 후에 일어난 친구는 풍선 바람 빠지는 듯한 트림 소리를 내더니 이제 좀 괜찮아졌다고 했다. 친구는 밥도 먹고 영화도 보고 싶었다고 했다. 임도 보고 뽕도 딴다더니 두 가지를 짧은 시간에 다 해내려다 그렇게 한 가지도 제대로 하지 못하고 말았다며 미안한 눈으로 쳐다보았다. 영화는 나중에 다시 봐도 되고 또 못 보면 어떠냐고 달랬지만, 놀란 가슴은 쉽게 진정이 되지 않았다.

우리 속담에 '빨리 먹는 밥이 체한다.'라는 말이 있다. 서두르다가 오히려 목표에 도달하기도 전에 일을 망칠 수도 있기에 하는 말이고, 어떤 일이든 제대로 이루어지려면 충분한 시간이 필요하다는 것을 의미한다고 생각한다. 나무를 빨리 자라라고 충분한 햇볕이 없이 물만 준다면 튼튼하지 못하고 웃자라기만 하여 결국은 작은 바람에도 뿌리가 뽑혀버릴 수도 있다. 좀 부족하면 어떻고 느리면 어떤가. 느림의 미학이라는 말도 있지 않은가. 적당한 휴식과 안정을 취할 시간조차 없이 그저 정해진 시간 내에 빨리 배달해야 한다는 생각이, 마치 영화가 시작되기 전에 급하게 먹은 저녁 식사가 결국 소화되지 못하고 탈을 일으킨 것처럼 생각되어 안타까웠다.

생계 앞에 무리를 할 수밖에 없는 분들인데, 기업은 이익 챙기기에 바빠 그분들의 처우 개선을 신경 쓰지 않고 있는 것 같다. 또한, 우리들은 빨리 물건을 받아야 한다고 생각하여 조금 지체되면 재촉하고 항의하는 것은 아닌지. 기업과 우리 모두 그들을 생명을 위협하는 공간으로 밀어 넣은 것은 아닌지 깊이 생각해 보았으면 한다. 조금 느리더라도 천천히 재촉하지 않고 기다려 줌으로써, 우리 모두 건강하고 행복하게 더불어 살아가는 세상이 되었으면 하고 희망해 본다.

세상에 가장 친절한 언어

'인상이 참 좋아 보이시네요. 사람을 편하게 하는 면이 있으신 듯해요. 늘 웃는 모습이신 게 살아온 세월이 행복이었나 봐요.'

최근 10년 사이에 사람들을 만나면서 가장 많이 들었던 말이다. 우리 속담에 웃는 얼굴에 침 못 뱉는다는 말이 있다. 환하게 웃는 얼굴을 보면 상대방까지 기분이 좋아진다. 왠지 모든 일이 즐겁고 좋은 방향으로 흘러갈 것만 같은 생각이 든다. 웃는 얼굴은 빙그레 웃는 모습이든 목젖이 보이도록 호탕하게 웃는 모습이든 상대방도 미소를 짓게 하는 전염성이 있다.

미소는 경계를 부드럽게 하고 상대방에게 호의적이게도 한다. 그런 미소에 적대감을 드러내놓고 대하기는 쉽지 않다. 특히 어린아이의 천진난만한 웃음 속에는 세상의 시기와 질투 따위는 아직 전염되지 않은 깨끗함이 느껴진다. 이럴 때는 그저 감사하고 경외감마저 든다. 부디 저 따뜻한 미소로 계속 살아갈 수 있기를. 그 순수함을 잃지 말기를.

나는 어떤 누구를 대하든 얼굴을 마주하게 되면 늘 웃음 띤 미소를 보낸다. 그러다 보니 예쁘다는 말보다 아름답다거나 인상이 좋아 보인다는 말을 많이 듣는다. 서비스업에 종사하다 보니 그렇다고 하기에는 이유가 너무 진부하다. 그렇다고 나에게 매일 햇살 가득한 날만 있었을까. 어느 인생의 길목에서 삶에 된서리를 맞았던 적도 있다. 그러나 낙천적이고 긍정적인 성격은 다행히 삶의 상처조차 오래 머무르게 하지 않았다.

"넌 웃을 때가 제일 예뻐"라고 말해준 가족과 친구들의 말 한마디가 나에게 몇 배의 행복을 가져왔다. 두 아이를 키우면서 맞벌이를 하다 보니 주변에 도움을 받을 일이 많았다. 힘들지 않으냐고 물어오는 사람들에게 '솔직하게 힘들어요, 그렇지만 참을 만하다'고 웃으면서 말을 한 적이 있다. 그에게 나는 육아와 직장생활이 힘들기는 하지만 잘 참고 이겨내고 있는 것으로 읽힌 듯했다. 그런데도 늘 웃고 있어서 대단하다고 했다. 그들은 나를 긍정적으로 살아온 사람, 험난한 세상살이에도 꿋꿋하게 웃어 온 사람으로 나의 가치를 높여 주었다. 그러고 보면 나에게 삶은 익숙하거나 순조롭지만은 않았지만 불편하다기보다는 편하게 즐기는 마음이 강한 듯했다. 대체로 괜찮은 일상들과 가만히 내 말을 들어주는 몇몇 사람들 덕분이다.

내가 아는 사람 중에 A와 B는 서로 외모나 성격이 대조적인 사람이다. A는 늘 웃음을 짓는 모습이다. 말도 상냥하고 부드럽다. 그와 얘기를 하다 보면 왠지 나도 그렇게 해야 할 것 같은 생각이 강하게 들 정도이다. 상대방과 대화를 할 때면 예의 그 환한 미소와 함께 주억주억 고갯짓해 가면서 이야기를 잘 들어준다. 때로 불편한 얘기가 오갈 때조차 그의 얼굴에는 미소가 떠나지 않는다. 그냥 다 이해한다는 듯한 미소. 그런 그와 얘기를 나누다 보면 저절로 기분이 좋아지고 편안해짐을 느낀다.

반면 B의 첫인상은 화난 모습 같았다. 그의 언어는 상냥함이다. 친절함이 몸에 배어 있다. 늘 상대방에게 기회를 먼저 주고 귀 기울여 들어준다. 넉넉함이 있다. 의견을 제시할 때도 여러 번 반복하여 말하는 경우가 거의 없다. 그런 사람임에도 불구하고 그는 인상 때문에 종종 오해를 받기도 했다. 강해 보인다는 인상 때문에 고민이었던 그에게 나는 지나가는 말로 미소가 참 아름답다고 한마디 했다. 그러자 어느 순간부터 그는 사람들을 만날 때 환하게 웃고 있음을 볼 수 있었다. 그에게 콤플렉스였던 인상은 환한 웃음 덕분에 그가 의식하지 못하는 가운데 상당히 매력적인 미소를 소유하게 된 것이다. 상대방을 배려하고 존중하는 습관이 몸에 잘 배어 있는 그의 미소는 하회탈처럼 온화하게 느껴졌다. 그의 이미지가 좋아졌음은 더 말할 나위도 없다.

물론 상황에 맞지 않는 웃음이나 미소는 자칫 오해를 물어올 수도 있다. 자신의 실수나 불편한 순간을 적당히 웃음으로 넘기는 경우는 그 사람의 진정성마저 잃어버리게 한다. 모든 상황에 무조건 웃어야 하는 것은 아니다.

그러나 기왕 웃을 거라면 미소도 좋지만 크게 소리 내어 웃어 보는 것도 좋다. 박장대소는 건강에도 좋다고 하니 크게 소리 내어 웃고 볼 일이다. 많이 웃는 사람은 엔도르핀을 상승하게 하여 면역력이 좋아져서 병도 잘 걸리지 않는다고 한다. 습관화된 표정일지라도 자주 웃다 보면 미소가 자연스러워지며 더불어 아름다운 표정을 갖게 된다. 주름이 생기는 것을 두려워할 필요가 없다. 웃음으로써 생긴 주름은 인상을 편안하게 하고 관상학적으로도 좋은 주름이라고 한다. 아름다운 미소에서 나오는 주름은 생각만 해도 멋지지 않은가? 친절한 언어를 동반한 미소는 더불어 살아가는 우리 삶에 기분 좋은 행복 바이러스를 가져오고 영양가 높은 비타민이 될 것이다. 미소 짓는 아름다운 표정은 언어보다 훨씬 강하다.

우리, 그곳에서 또 만나요

12년을 알고 지내온 성순 언니에게서 문자가 왔다. 주말에 뭐 하냐고. 별 계획이 없으면 주말농장에 가려냐고 물어왔다. 나는 스스로 친구를 찾아 나서는 성격도 아니고 별일이 없으면 퇴근해 집에 들어와 주말 내내 바깥 공기조차 쐬지 않는 성격이다. 모든 일에 진지하게 열정적이다 보니 주말만이라도 내게 휴식을 주고 싶은 마음이기도 하다. 그러나 주말농장에 가자는 언니의 말에 두말하면 잔소리지 하면서 동행 길에 나섰다.

경의·중앙선 덕소역에 내려 버스로 종점까지 들어갔다. 서울에서 불과 한 시간을 벗어난 곳인데 파란 하늘이 싱그러웠다. 비 온 뒤의 날씨는 대기를 투명하게 하였다. 모기 입이 비뚤어진다는 처서도 지났건만 한낮의 열기는 아직도 뜨거웠다. 사람의 손길이 닿지 않은 듯 불퉁불퉁

한 산길을 한참을 올라갔다. 시골에서 자랐으나 농사를 지어 본 적이 없던 나는 약간의 긴장과 설렘이 있었다. 전원주택에서 텃밭을 가꾸며 찾아오는 손님들에게 직접 가꾼 농작물로 식탁을 준비하여 맞이하는 삶. 하루를 바쁘게 살아가는 도시 생활 속에서 벗어나 일주일에 하루 정도는 오롯이 자연을 마주한 채 느리게 살아가는 삶을 생각했다.

오르막길에 숨이 가빠오고 지쳐갈 즈음 그곳에 도착했다. 텃밭이라고 하기에는 조금은 넓은 농장이 있었다. 멀리서 우리를 맞이하는 사람들의 목소리가 들렸다. 전날부터 미리 와 있던 농장 주인과 일행이었다. 농장 주위에는 펜스를 두르고 입구는 가끔 출몰하는 산짐승들을 대비하여 긴 막대기에 검은 비닐을 걸어 막아두고 들고 날 때마다 그 막대기를 옮기고 있었다. 농장주인은 대문을 잘 닫아야 한다고 했다. 그렇지 않으면 가끔 멧돼지나 들고양이의 침입을 맞이하게 된다는 거였다. 기계적이지 않은 투박함에 정겨움이 묻어났다. 어릴 적 막대기로 선을 죽 그어서 네모를 여러 개 만들어 두고 '여긴 우리집이야. 우리집에 놀러와' 하면서 놀던 추억이 떠올랐다.

농장에는 주인의 정성스러운 손길을 탔음직한 농작물들이 투박하게 자라고 있었다. 고구마, 토마토, 오이, 청양고추, 치커리, 상추, 깻잎 등. 가지런하게 정돈된 모습은 아니었으나 편안하게 크게 욕심내지 않고 가꾸어냈을 주인의 마음을 알 수 있었다. 밭고랑에는 풀이 자라지 못하도록 씌워 둔 까만 비닐도 듬성듬성 그대로인 곳도 있었다. 간밤에 찔끔 내린 비로 적당하게 촉촉이 젖어있는 땅은 좋은 기운을 보내주고 있는 듯했다. 허름하지만 근사한 움막과 여럿이 모여 식사를 할 수 있는 장소, 그리고 간이화장실이 설치되어 있었다. 간이화장실에서 나온 분뇨는 좋은 비료가 된다고 했다.

농장에 와서 먹는 점심은 꿀맛이었다. 그곳에서 직접 재배하고 수확한 채소로 차려진 식탁이었다. 구수한 된장찌개 속의 호박과 알싸한 청양고추, 쓱쓱 무쳐낸 오이무침, 삼겹살과 함께 구워낸 양파와 마늘 그리고 감자구이. 우리들 일곱 명은 같은 업종에 근무한다는 공통점 외에는 서로 같이 근무한 적은 한 번도 없다. 그런데도 어색함이 전혀 느껴지지 않았다. 아마도 살아온 세월이 비슷한 나이여서 그런 듯했다.

들판에 구르는 돌멩이처럼 장삼이사에 불과한 우리들에게도 온갖 경험들이 덕지덕지 쌓여서 그렇게 특별히 뾰족하지 않게 잘 흡수되는 듯했다. 점심을 물리고 설거지를 하는 동안 우리들은 잡초를 뽑고 호미로 빗길을 터주는 작업을 했다. 서툰 일손이지만 수다를 떨면서 여럿이 모여 하다 보니 어느새 농장 주변이 정돈되어 있었다. 몇 시간 쭈그려 앉아 일하고 나니 무릎도 아파오고 슬슬 꾀가 나기 시작했다. 다들 같은 생각이었나 보다. 땀도 식힐 겸 평상 위에 앉아 노래를 틀어놓고 돌아가면서 마이크를 잡고 노래를 한 곡씩 했다. 80년대 대학가요제 노래와 그 시절 우리가 즐겨 듣던 노래들이었다. 노래를 부르다가 추억이 떠오르면 수다도 떨었다. 평상에 누워 아무것도 아닌 얘기에 손뼉을 치고 낄낄거렸다.

흥이 어느 정도 잦아들 즈음 누가랄 것도 없이 들려오는 코 고는 소리에 하나둘 낮잠에 빠졌다. 적당히 시원한 바람이 불어오고 어디선가 웅성웅성 들려오는 소리에 슬그머니 일어났다. 뒤늦게 합류한 박 사무장 부부와 혜선 씨가 고구마순을 다듬고 있었다. 나와 남희 언니는 간이 잘 배어 적당히 익은 깻잎지를 담고 가지와 청양고추를 따서 함께 온 사람들 몫으로 한 봉지씩 만들어 두었다. 누군가 귀한 먹거리라며 아껴 먹어야겠다고 했다. 농약을 제대로 치지 않아서 비록 벌레 먹고 군데군데 흠집이 있었으나 사랑과 정성을 들였을 농장 주인의 마음은 무엇과도 바꿀 수가 없을 듯했다.

13년 전 암 투병하던 남편을 위해 주말농장을 마련했다던 남희 언니. 그 후 남편과 사별하고 주말이면 헛헛한 마음에 이곳 농장에 와서 산다고 했다. 남편을 보내고 쓸쓸할 때가 많았던 시간의 연속이었을 텐데 언니는 씩씩했다. 아무리 건강한 몸이라고 해도 배우자를 잃은 슬픔을 견뎌내기에는 쉽지 않았으리라. 남희 언니는 아직도 혼자 사는 게 익숙하지 않다고 했다. 그러나 앞으로는 자유롭다고 생각하고 즐길 만한 DNA를 구축할 필요가 있다고 호기롭게 얘기했다. 인주 언니는 갱년기가 시작되었다며 목덜미에 수건 한 장 두르고 흐르는 땀을 닦아냈다. 왠지 모르게 울적한 기분이 들기도 하고 별일이 아닌 것에도 짜증이 난다고 했다.

컴퓨터가 없던 시절 손으로 전표를 쓰던 얘기를 하며 지금은 근무하기 편해졌음에도 금방 피곤하고 신경이 예민해진다는 말에 우리 모두 공감했다. 밤샘 작업을 하던 시절, 일주일도 끄떡없었는데 지금은 체력이 받쳐주지 않아서 돈 준다고 하라고 해도 못할 거라며 나이 들어감을 아쉬워했다. 깊은 잠을 잘 이루지 못하고 때때로 집중력이 떨어지는 것을 느끼는 우리들은 그렇게 중년이 되어가고 있었다. 젊음이 언제까지나 계속될 거라고 생각하지는 않았으나 그렇다고 자연스레 오는 세월을 막을 수도 없다. 정도의 차이는 있겠으나 누구에게나 지나간다는 갱년기를 지혜롭게 잘 이겨내었으면 하는 바람이다. 저녁은 박 사무장이 토치로 장작불에 불을 붙여 간단한 바비큐 파티를 했다. 고구마와 감자를 포일에 싸서 구워 먹고 소고기와 대하를 구워 시원한 맥주 한잔으로 건배를 했다.

그렇게 행복한 하루를 만끽하고 좋은 추억을 한 아름 안고 서울로 돌아왔다. 바쁜 일상 속에서 살아가며 뒤돌아볼 틈도 없이 앞만 보고 달려가고 있는 요즘. 가끔은 이렇게 시간을 내어 농장에 훌쩍 다녀오고 싶다. 자연 앞에 모여 그렇게 편안하게 식사를 하고 즐겁게 지냈던 때가 얼마 만인지. 비록 하루였지만 서로 다르게 살아온 우리들이 마치 오래된 친구처럼 느껴졌다. 도회지의 바쁜 삶을 내려놓고 느리게 사는 삶을 꿈꾸는 나를 보게 된 하루였다.

자신은 주말이면 있는 곳이니 언제든 오고 싶을 때 오라던 남희 언니. 앞으로 살아가면서 힘든 일이 있을 때 이 순간이 또 하나의 위로가 될 테지. 오늘도 잘 지내왔음을 내 마음의 사진첩에 추억 한 장 고이 정리해본다. 적당히 피곤한 하루. 그러나 쉽게 잠이 올 것 같지는 않다. 그곳에 두고 온 내가 그리운 밤이다.

4

삶은 공사 중이다

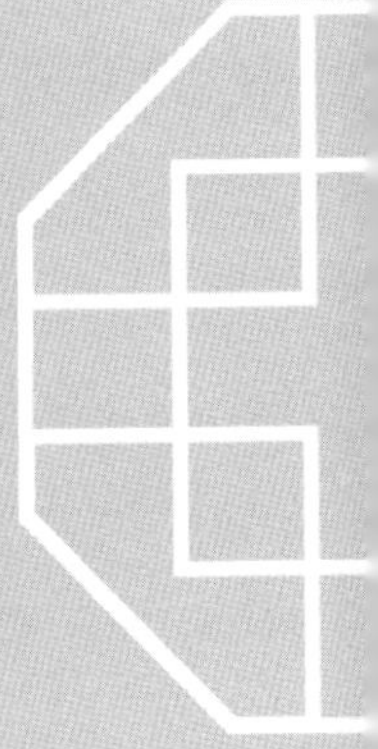

기꺼이 잘해 주고 싶다는 것은

잠실에서 약속이 있었다. 약속 시각에 맞춰 나섰다고 생각했는데 30분 정도 일찍 도착하였다. 버스가 제시간에 도착해서인 듯하다. 대체로 누구와 약속하면 5분 정도는 일찍 나가는 편이지만 오늘은 시간이 많이 남았다. 잠실역 지하 롯데백화점 분수대 앞에는 나처럼 약속이 있는 듯한 사람들이 즐비하게 서 있었다. 남은 시간을 오랜만에 휴식을 즐기듯 복잡한 인파 속을 천천히 걸었다. 거리는 곧 다가올 크리스마스 분위기로 화려한 조명등과 함께 아름다움이 물결치고 있었다.

그때 인파 속에서 갑자기 큰 소리가 났다. 아마 연인인 듯한데 두 사람 중 한 사람이 약속 시각에 늦은 모양이었다. 남자는 계속 미안하다며 어쩔 줄 몰라 하고 여자는 화가 잔뜩 난 상태로 가방을 휘두르고 있었다. 행인들이 흘깃흘깃 쳐다보는 것도 아랑곳하지 않고. 그 남자는 어떤 이유가 있어서 늦었을까, 그 여자는 오늘 같은 날은 한 번쯤 이해해 줄 수는 없었을까. 문득 나는 누구의 시간을 소홀히 여긴 적은 없는가 생각이 들었다.

약속 시간에 늦는 것을 그 무엇보다도 지독하게 싫어하는 터라 어떤 약속에든 적어도 5분에서 10분 이내에 도착해야 안심이 되는 성격이다. 거래처를 방문하더라도 가는데 소요될 시간과 혹시라도 정체될 수 있는 여분의 시간까지 미리 감안하여 출발한다. 이런 성격은 일을 할 때도 마찬가지다. 어떤 일을 해달라는 요청이 들어오면 내가 해 줄 수 있는 시간에 약간의 여유시간을 더해서 마감을 요청한다. 어떤 사람들은 이런 시간만큼 여유가 있다고 생각할 수 있겠지만, 나는 당초 내가 생각했던 시간에 맞춰서 일을 마무리한다. 그렇게 되면 그들은 자신들이 약속받은 시간보다 일찍 마감해서 보내준 나를 고마워하고, 나 역시 시간에 쫓기지 않고 여러 번 검토에 또 검토하여 오류를 없애는 것과 동시에 상대가 원하는 시간에 마무리할 수 있어서 흡족함을 느낄 수 있다.

아주 오래전, 지금보다 실력도 많이 부족하던 사회 초년생 시절. 그러나 잘할 수 있다는 의욕이 앞섰던 시절. 거래처에서 방문해 달라는 요청을 받았다. 거래처에 관한 사전 자료를 어느 정도 확인도 한 상태라서 함께 가줄까 하는 선배에게 혼자 가 보겠다고 호기를 부리며 나섰다. 분명 이 근방이라고 했는데 도무지 그 장소가 눈에 띄지 않았다. 평소에 길눈이 밝다는 소리를 자주 들어서인가 이 정도면 충분히 찾아갈 수 있다고 속단하면서 지리 설명을 대충 들었던 게 잘못이었다. 물론 방문할 시간에는 다행히 맞추어 도착하였지만, 마음을 추스르고 가다듬을 시간은 없었다. 한여름도 아닌데 긴장해서인지 식은땀이 흐르고 가까스로 마주 앉은 거래처 사장님 앞에서 무슨 말을 했는지 기억도 나지 않았다. 시간은 느릿느릿 흐르고, 부드러운 표정으로 질문은 계속되었다.

상담을 끝내고 사무실로 돌아오니 거래처에서 전화가 왔다고 했다. 약속 시간에 맞춰서 방문해서 준 것과 성심성의껏 설명해 주어서 감사했다고. 무슨 상담을 그리 친절하게 해주었느냐고 말씀하시는 대표님께 괜히 얼굴만 붉혔을 뿐이다. 그러나 약속 시간에 늦지 않기 위해 허둥대면서 안절부절못하던 기억과 그런데도 시간에 맞춰 방문해 준 덕분에 칭찬받은 것이라는 생각만이 또렷하게 남았다. 나는 거래처에 신뢰를 주고 싶었고, 그러기 위해서 무엇보다도 약속 시간을 잘 지켜야 했다. 생각해 보면 마땅히 해야 할 일을 한 것이었지만, 허둥대면서도 또박또박 설명하였을 나를 보면서 그 사장님은 아마도 나를 좋게 보셨던 것 같았다. 그때 많이 들었던 생각이 약속은 신뢰구나 하는 것이었고, 지금도 마찬가지로 약속을 잘 지킨다는 것은 상대방의 시간을 존중하고 최선을 다한다는 것을 성실하게 알리는 행위라고 생각한다.

러시아 속담에 '친절한 말은 마치 봄볕처럼 따사롭다'는 말이 있다. 어디 친절한 말뿐이겠는가. 상냥하고 부드러운 모습과 태도도 마찬가지다. 예쁘고 사랑스러운 마음이 몽글몽글 피어나는 봄의 따사로움처럼. 누군가를 기다리는 동안 내 마음에 벅차오르는 설렘을 만끽하면서, 기다리고 있을 나를 위해 시간에 맞춰 오려고 종종걸음 하는 그 사람을 너그러운 마음으로 반겨주면 어떨까. 반짝이는 눈빛으로 서로의 진심을 읽어주고, 존중받고 싶은 만큼 따뜻하고 친절한 태도를 보여주는 것. 시간을 투자해 준 소중한 사람에게, 기꺼운 마음으로 귀찮은 일도 잘해 주고 싶게 만드는 그런 마음이면 그저 족하지 않은가. 함께 어울려 살아가는 세상이니까.

(2022. 12. 20.)

진눈깨비 내리는 날

유난히도 쌀쌀한 날씨는 금방 눈이라도 쏟아낼 것 같았지만, 뉴스에서 오늘의 날씨는 맑음이라고 했다. 웃으며 나를 반기는 그녀의 모습이 왠지 쓸쓸하다. 탁한 목소리로 말하는 그녀의 모습이 낯설어 자꾸 쳐다보았다.

어느 해인가 습하고 높은 기온이 오르던 여름의 어느 한 모퉁이를 돌 즈음, 나의 옛 직장 동료와 함께 한자리에서 한 번 만난 적이 있던 그녀였다. 연락처를 건넨 기억이 없는데 어떻게 알고 전화했을까 싶었다. 겨울 초입의 날씨와 다르게 화사한 짧은 투피스에 긴 부츠를 신고 한껏 멋을 낸 듯한 모습이 낯설다. 외국에서 오래 생활하다가 귀국한 지 얼마 되지 않았다고 했다. 남편과 아이들은 아직 외국에 있고, 자기는 정리할 일이 있어서 들어왔다가 이러고 주저앉았다고 했다. "무언가를 하고 싶었어요. 아무것도 하지 않고는 견딜 수가 없었거든요." 공허함이 쨍 하고 다가온다. "무슨 일이 있으셨어요?" 이미 젖어 있는 그녀의 눈을 보면서 괜히 물어봤나 생각했지만, 우리가 만나서 차를 마시고 수다를 떨 만큼 친하다고 생각되지 않았기에 던진 물음이었다. "지난여름, 엄마가 돌아가셨어요." 아, 심장 한쪽이 쿵 하고 내려앉았다. 실상은 나 자신조차 그 슬픔에서 헤어 나오지 못하고 있었던 즈음이었다. 핑계 같지만 사는 데 급급하여 엄마를 자주 찾아뵙지 못하고 이별을 맞이하였다. 어느 날부터인가 길을 걷다가 엄마와 비슷한 연배의 어르신을 만나거나, 버스정류장에서 혼자 앉아 버스를 기다리는 아주머니를 보면 한 번 더 보는 습관이 생겼으니까. 이미 늦어버려 서글픈 시간.

귀에 거슬리는 또각거리는 구두 굽 소리를 들으면서 멍하니 카페 안의 사람들을 휘둘러 보았다. 눈물을 흘리고 있는 그녀를 보고 있노라니 내 마음에 그리움이 출렁거리기 시작했다. 오랫동안 외국에 나가 살면서 엄마가 아프다는 연락을 받고도 다음 주에 가 봐야지, 다음 달에는 꼭 들어가 봐야지 생각만 하다가 이렇게 되었다면서 자책하고 있었다. 마음은 엄마한테 있는데 몸이 따라가지 못하고 혼자 동동거리면서 살았던 세월이 생각났다. 삶의 고단함 속에서 그래도 견디면서 살아낼 수 있었던 힘, 그 힘을 잃어버리고 헤매고 있는 우리들. 문득 그녀에게 모질게 불었던 바람과 온갖 역경이 그녀의 삶에서 뿌리내리지 못한 채, 그녀의 지난한 세월 속에서 보이는 듯했다.

무게를 가늠할 수 없는 슬픔을 안고도 살아 낼 수 있다는 것이 신기할 지경이었는데, 그래도 살아가더란 진부한 얘기는 하고 싶지 않았다. 하고 싶은 말이 많겠지. 그게 본마음은 아니었다고, 나도 그렇게 살고 싶지 않았다고, 아니 자주 찾아뵙지 못해서 정말 죄송하다고, 아니다, 지금도 너무 그립고 보고 싶다고. 그런 말을 하고 싶었다.

그녀는 외국에 나가 살면서 고향이 매우 그리웠고, 습관처럼 돌아오는 어느 날만 되면 어릴 적에는 잘 먹지도 않던 엄마가 만들어 준 못생긴 만두를 그렇게 먹고 싶었다고 말했다. 그 얘기를 들으면서 밀가루 반죽을 동글게 말아 빚은 다음 묵은지를 송송 썰고 두부를 으깨어 섞은 소를 넣어 엄마의 투박하고 거친 손으로 곱게 감싸듯이 만들어진 만두가 쟁반 위에 소복이 쌓이던 그 겨울이 생각이 났다. 하나씩 먹을 때마다 엄마의 사랑이 나를 성장하게 한다고 굳게 믿었던 그 시절. 엄마 얘기를 하는 눈이 반짝거리며 빛을 냈다.

그녀의 서러움을 핑계 삼아 내 마음속의 엄마 얘기를 했다. 나도 살면서 누군가가 필요했던 때를 생각해보니 오늘은 참 다행이구나 생각이 들었다. 그녀 덕분에 메말라가던 내 마음에 물기가 스며드는 듯했다. 예전에는 이해할 수 없었던 일. 나는 단지 그녀의 이야기를 들어주었을 뿐인데, 우리가 함께하는 시간 동안 그녀에게는 마음의 상처를 어루만져 줄 누군가가 더 필요했는지도 모른다는 생각이 들었다.

희망과 슬픔이 함께 공존하는 세상, 내가 꿈꾸었던 세상과 그런데도 여전히 변하지 않는 무엇에 대해 생각해본다. 자신을 마주해 주어서, 자기 얘기를 오랜 시간 들어주어서 고맙다고 했다. "아니요, 이제는 마음의 짐을 조금 내려놓고 살길 바라요." 쉽지 않을 거라는 것은 누구보다도 잘 알지만, 그래도 그렇게 말할 수밖에 없었다.

어정쩡한 마음으로 거리로 나섰다. 부디 어디에 있든 서로의 고민을 털어놓고 살펴 줄 인연 하나쯤은 곁에 두고 살기를 바랐다. 누군가의 안위를 세심하게 살펴주는 삶이 얼마나 기꺼운 것인지. "어? 진눈깨비네요." 시리도록 쨍하던 햇살 끝에서 매서운 바람이 옷깃으로 파고든다. 마치 고독한 그리움이 스며들 듯이. 알 듯 말 듯. 그녀가 쓸쓸하게 웃으면서 헤어짐이 아쉽다고 했다. 우리의 쓸쓸한 얘기를 듣지 않아서 좋은 것인지, 듣고 싶은데 못 들어서 쓸쓸한 것인지 애매했다.

쨍하던 날씨는 어느덧 해가 지고 휘황찬란한 조명등이 거리를 밝혀주고 있다. 어둑해진 거리는 온통 진눈깨비로 요란하다. 눈도 비도 아닌 애매한 것들이 눈물처럼 내 마음 위로 내려앉고 있었다. 그날 진눈깨비도 쓸쓸했지. 오늘처럼. 돌아오는 주말에 엄마를 보러 가야겠다.

위층 여자, 아래층 남자

세상과 이웃에 대한, 따뜻한 관심과 지혜의 힘이 그 어느 때보다 필요한 요즘이다. 층간 소음뿐만 아니라 벽간 소음도 견디기 힘들어진 세상이다. 위층 이웃이 바뀌었다. 재작년 어느 날, 아침엔가 엘리베이터 내벽에 훼손을 방지하는 가림막이 처져 있고, 언제부터 언제까지 인테리어로 인해 소음이 발생할 수 있으니 양해를 바란다는 안내문이 붙어 있었다. 우리가 이사 오기 전에는 인테리어를 위해 가가호호 방문하면서 양해 인사를 드렸는데, 이제는 안내문 하나 붙이는 것으로 양해를 바라는 인사로 끝내는가 보다 생각했다.

그러고 2주 즈음 주말 아침엔가 윗집에 쿵쿵 소리가 나고 이삿짐센터 사람들이 드나들었다. '아, 우리 윗집에 새로운 사람이 이사 왔구나.' 하고 충분히 인지할 만한 소음과 장면 연출이었다. 그런데 그 이웃은 더 확실하게 그들의 존재감을 드러내고 싶었던 것일까. 이사 온 이후로 다양한 말소리와 쿵쾅대는 소리, 호탕한 웃음소리 등으로 이 집에 새로운 이웃이 왔다는 사실을 아주 열심히 알려주었다.

하루는 사람들의 왁자지껄한 웃음소리가 아래층까지 들려오고, 현관부터 베란다까지 다다다닥 뛰어다니는 듯한 발걸음 소리가 가득 울려 퍼질 때도 집들이하는가 보다 하고 웃어넘길 수 있었다. 어느 날은 아침부터 마늘 찧는 듯한 방망이 소리도 들리고, 밤늦은 시각 잠을 거절하는 어린아이 울음소리에 "어쩌라고."를 연발하는 젊은 아기엄마의 날카로운 목소리가 들리기도 했다. 간혹 식탁 의자를 끄는 듯한 소리, 누군가 방문했는지 밤늦도록 웃고 떠드는 소리가 계속되기도 했고, 강아지가 앙칼지게 짖는 소리가 났고, 이내 강아지를 혼내는 소리도 났다. 참 다양한 소리를 내며 활발하게 사는 이웃이라는 생각이 들었다.

그즈음 새벽까지 일하던 큰아이의 신경을 건드리고 말았다. 큰아이는 인터넷으로 층간 소음을 해소하는 방법을 검색해 보았다면서 어느 날 퇴근해서 들어서는 나를 붙잡고 하소연하기 바빴다. 결국 계속된 소음으로 신경이 곤두서고 마음이 심란해졌다. 큰아이에게 참으라고 하기에는 끝이 없는 소음과의 전쟁이었다. 하지만 시국이 시국이니만치 자유로운 외출이 어렵고, 더구나 어린애들이 맘껏 놀 수 있는 공간조차 제한된 시기이다 보니 하루 종일 집 안에 갇혀서 얼마나 답답할까 하는 생각과 함께, 그들은 소음을 내고 싶어 내겠는가 하는 생각에 적당히 눈감아 주는 수밖에 없었다. 어쩌면 우리가 이사 오던 날도 아래층에서 그렇지 않았을까 생각하니 차마 위층에 올라갈 수 없었다.

신혼 초, 1층에 살던 시절, 아이들은 침대에서 뛰거나 소파에서 바닥으로 뛰어내리는 일들이 많았다. 식탁 의자가 제힘으로 움직이지 않아 질질 끄는 소리가 났어도 크게 신경 쓰지 않았다. 그러다가 아파트 2층으로 이사하던 날, 유치원에 막 다녀온 아이들은 친척들이 다 모인 집에 들어서며 "잔칫집 같아." 하면서 소리를 질러대었다. 그러더니 사촌들과 이리 뛰고 저리 뛰고 하는 통에 뛰지 말라는 소리를 입에 달고 살았다. 당연히 식탁 의자 다리 밑에는 고무 받침대를 달았다.

어느 날 이웃들 모임에서 층간소음 얘기가 나왔다. 과거에는 대부분 주택에 살아서 그런 거 신경 쓰지 않고 마음껏 뛰어다니며 살았는데, 요즘은 아파트 문화라서 이런 것도 예의를 지켜야 한다고 했다. 우리 아래층은 고등학생 아들 둘이 있는데 큰아이는 수험생이라고 했던 기억이 났다. 나는 아이들이 뛰어다니던 생각이 나서 과일 바구니를 준비하여 아래층의 초인종을 눌렀다. "문 열려 있습니다. 들어오세요." 안에서 굵직한 남자의 목소리가 들려왔다. 조심스레 문을 열고 과일바구니를 들이밀면서 쥐구멍으로 기어들어 갈 것 같은 목소리로 "죄송해요, 위층에 이사 온 사람인데요. 저희 아이들이 너무 많이 뛰어서요. 늘 조심하라고 주의를 주는데. 많이 불편하셨지요?" 했다.

아래층 남자는 휠체어를 타고 나오면서 "보시다시피 제가 걷기가 불편합니다. 우리 아들은 고3이라서 학교에서 끝나고 학원 갔다가 12시에 들어옵니다. 아이들 클 때는 다 그렇지요, 뭐. 저들 딴에는 얼마나 신나겠습니까." 정말이지 세상에 천사가 있다면 아래층 남자 같았을 테다. 아이들이 뛸 때마다 소음으로 왜 말하고 싶지 않았겠는가. 그런데도 그렇게 말해주니 더없이 감사한 마음이었다. 미안하고 송구한 마음에 더욱 조심시키겠다고 말하고 올라왔다.

그랬는데, 이제는 내가 20년 전의 아래층 남자가 되어 위층의 소음을 듣고 있다. 그런 우리 가족의 마음을 읽기라도 한 듯 어느 날 저녁 위층 여자가 딸기 한 바구니 들고 찾아왔다. "좀 시끄러웠지요. 아무리 뛰지 말라 해도 저희 아이가 말을 듣지 않네요. 죄송해요." 한다. 사실 계속된 소음으로 신경이 곤두서고 마음이 심란해졌다고 어떻게 말을 할 수 있겠는가. 그동안 그 소음으로 인해 날카로웠던 마음과는 달리 "괜찮아요, 아이들 클 때는 다 그렇지요. 애들 금방 크더라고요." 하고 말았다. 이후 조심하는지 소음은 점점 약해지더니 어느 날부터 아이 소리가 들리지 않았다. 경비 아저씨한테 물어보니 무슨 일인지 급하게 이사를 갔다고 했다. 친해질 시간도 없이. 하마터면 이기적이고 못난 이웃이 될 뻔했는데. 지금도 어딘가에서 힘차게 뛰며 달리고 있을 그 꼬마가 참 궁금한 저녁이다.

(2023. 3. 17.)

완벽한 그 순간에

시작과 끝이 일어나는 공존의 시각. 한 해를 보내는 마지막 날이면서 동시에 새해를 맞이하는 시각. 그 시각에 깨어있었다. 예전 같았으면 어디 여행이라도 떠나볼까 한 번쯤 말도 해 보련만, 코로나19 상황이 어디로 떠나려고 해도, 무엇을 하려고 해도 발목을 잡는다. 지난주 뮤지컬을 보러 가면서 선배 언니한테 새해 해맞이 가자고 한마디 던진 게 정말 이렇게 진행될 줄은 몰랐다. 연일 영하의 기온에 바람까지 불고 있는 날씨였지만 호기롭게 가자고 큰소리를 쳐버렸다.

살아오면서 새해맞이를 제대로 해 본 적이 없었다. 늘 새해를 맞으러 가는 차량 행렬에 끼어 지친 나머지 마음으로만 엉성하게 떠오르는 해를 보거나, 전날부터 미리 도착해서 밤늦도록 먹고 마시다가 새벽 일찍 해맞이하자고 해 놓고 해가 떠오르기 한 두 시간 전에 살짝 잠이 들어버리던가, 늦잠을 자서 정작 아침 해돋이 시간을 놓쳐 이미 한참이나 떠오른 새해를 보며 그저 한 해의 행복과 건강을 의무적으로 중얼거렸었다. 언젠가는 한번 제대로 신년 해맞이를 하고 싶었다. 12월 31일 종무식을 하고 일찍 귀가하여 멀리 여행을 떠나는 사람처럼 들떠서 배낭을 꺼내서 짐을 꾸리기 시작했다. 새벽에 가는 거니까. 짐 규모만 보면 며칠 여행을 떠나는 사람 같다. 남편은 날도 추운데 뭣 하러 사서 고생을 하겠다고 하는 건지 모르겠다는 표정이다. 어찌 되었든 내가 가자고 부추겼으니 추워도 반드시 가야 했다.

새벽 알람 소리가 미처 울리기도 전에 눈이 떠졌다. 보온병에 뜨거운 물을 담고 종이컵과 커피, 그리고 약간의 간식을 주섬주섬 챙겨 담았다. 남편이 데려다준 덕분에 늦지 않게 도착하였다. 1월 1일 아침 6시 30분. 지하철 5호선 광나루역 1번 출구 앞에는 아차산에서 신년 해맞이를 하기 위해 우리보다 먼저 온 사람들로 북적이고 있었다. 오랜만에 하는 산행이라 나는 신이 났고 날씨의 추운 정도를 가늠할 수는 없었지만, 해돋이를 볼 생각에 기분은 한껏 들떠 있었다.

추위를 많이 타는 나는 겹겹이 옷을 든든하게 껴입었다고 생각했는데도 차에서 내리자마자 온몸으로 스며드는 한기가 고스란히 느껴졌다. 아직 도착하지 않은 일행을 기다리면서 우리는 포장마차에서 어묵 하나씩 집어 들었다. 어묵 국물이 목을 타고 넘어가면서 온몸으로 뜨거운 기운이 퍼져 나갔다. 곧이어 일행들이 모두 도착했다.

코스는 광나루역-생태공원-고구려 정-낙타고개-해맞이광장-광나루역으로 다시 돌아오는 것이었다. 출발 시간이 되었다.

매일 뜨고 지는 해지만, 평소와 뭔가 다른 의미를 부여하고 싶었다. 어쩌면 지나간 시간에 대해 아쉬움과 후회를 떨쳐버리고, 나를 돌아보는 어떤 구실을 만들고 싶었는지도 모른다. 어둑어둑한 길을 갔다. 새해를 맞이하려는 사람들은 생각보다 너무 많았다. 나와 같은 마음을 가진 사람들이 이렇게 많았다니. 누가 보면 군중 집회라도 나가는 모양새다. 아빠 등에 업혀 올라온 어린 아기, 주인 따라 올라온 강아지, 지팡이를 짚고 불편한 몸으로 오른 아저씨, 손을 꼭 잡은 연인들, 그리고 가족이 함께한 듯한 모습까지. 사람들의 행렬이 끝이 보이지 않는다. 그들 속에 휩쓸려 올라가다 보니 마치 초행길임에도 늘 다니던 길처럼 익숙하게 올라갔다.

동트기 전이 가장 어둡다고 하더니, 어둠이 가득한 캄캄한 등산로를 플래시도 없이 간간이 켜진 가로등에 의지하면서 누가 길을 가르쳐주지 않는데도 저절로 떠밀리듯이 정상으로 흘러가는 듯했다. 새벽 기운은 입김으로 눈썹과 모자에 서리를 맺히게 할 정도였지만 중간 즈음 오르자 등에 땀이 흐르고 후끈한 열기로 어느새 추위는 가시고 가쁜 숨만 내쉬고 있었다. 예전 같았으면 힘들어 죽겠다고 투덜거렸을 경사 길도 어렵지 않게 오르고 있는 나를 보면서 그동안 꾸준히 만 보 걷기를 한 덕분이라는 생각이 들었다.

겉옷을 벗고 오르는 사람들도 있었고, 이미 앞서 산에 오른 사람들은 저마다 웃고 떠들면서 새해를 맞이할 준비를 하느라 자리를 잡고 앉거나 서 있었다. 해맞이광장 정상에는 사람들이 너무 많아 도저히 더 오를 수가 없어 중간 즈음에 자리를 잡았다. 한강이 한눈에 내려다보이는 산 정상에서 바라다보는 서울의 새해 새벽은 푸르스름과 회색빛으로 물들어 있고, 고요함이 내려앉아 새해를 맞이하기 전의 준비를 하는 것 같았다.

7시 40분이 넘으면서 주변이 술렁거리기 시작했다. 많은 사람이 서로 카메라를 켠 채 주위의 사람들과 덕담을 나누고 있다. 오늘 처음 만났지만, 새해를 맞이하려는 마음이 같다는 이유만으로도 충분히 서로에게 따뜻한 응원의 눈길을 보내고 있었다. 사람들의 새해 소망이 얼마나 간절하면 이렇게 될 수 있는 것일까. 7시 45분이 지나면서 1분 1초의 순간순간이 손에 땀을 쥐게까지 했다. 모두가 고개를 힘껏 내밀고 언제나 나올까 기다리고 있었다. 참으로 더디게만 갔던 그 몇 분의 시간, 태양이 떠오르기 바로 전의 그 침묵의 시간은 생각보다 길었다.

손목시계가 46분에서 47분으로 넘어가려는 시각, 하늘이 서서히 붉게 물들기 시작했다. 가슴이 두근거렸다. 누군가가 "해가 떠오른다~." 하고 외쳤다. 순간 모두의 우레와 같은 함성 속에서 붉은 태양은 힘차게 떠올랐다. 마치 뜨거운 활화산에서 용암이

솟구치듯이. 온몸을 불태우듯 발갛게 물들이며 솟아오르는 그 모습에 눈이 부셔오고 가히 장관이었다. 어떤 말로도 형용할 수 없는 벅찬 경이로움. 감격스럽고 울컥하는 마음에 눈물이 뚝 하고 떨어졌다. 어제의 그 해가 아님을, 간절한 마음으로 소망을 담아 보냈다. 부디 저들의 간절한 기원을 들어주시기를. 그리하여 조금이라도 희망의 끈을 놓지 않고 살아갈 수 있기를. 새벽 추위에 떨며 올랐던 그 시간이 전혀 아깝지 않고 충분한 보상이 된 듯했다.

사람들이 하나둘 자리를 뜨고 주위의 어둠이 가시는 시간까지도 나는 움직일 수가 없었다. 그제야 주위의 산등성이에 아직 녹지 않은 눈이 듬성듬성 보이기 시작했다. 아름다운 꿈을 꿀 수 있는 특권이야말로 새해가 우리에게 주는 유일한 선물이라고 했던 전혜린 시인의 글이 가슴속에서 뜨겁게 일어났다.

(2022. 1. 1.)

왜들 그래 정말

그날따라 술을 한잔하고 불콰해진 얼굴로 늦게 귀가한 남편과 이 시국에 웬 술이냐며 옥신각신하고 있었다. 코로나19로 세상과의 소통이 단절되어 답답한데, 뉴스를 봐도 좋은 소식이 없으니 세상이 사람을 쓸쓸하게 한단다. 꿀물을 준비하여 건네주면서 얼른 마시고 자라고 툴툴거렸다. 그때였다. '삑삑' '삑삑' '삑삑' 계속해서 현관 도어락 버튼을 누르는 소리에 남편을 쳐다보았다. 아이들도 이미 잠자리에 들었는데, 이 야심한 밤에 누군가 우리 집 문을 열려고 하는 것이다.

술에 취한 남편은 꿀물을 마시다 말고 심드렁하게 "이 시간에 누구야." 하면서 현관으로 갔다. 나는 겁이 나서 남편의 팔을 잡으며 "열지 말아요. 누구냐고 물어봐야지. 경비 아저씨한테 인터폰으로 연락해보자" 했다. 그 사이에 또다시 '삑삑' 소리가 들렸다. 현관문 렌즈 구멍으로 보았으나 아무도 보이지 않았다. 귀를 가만히 대고 입에 검지손가락을 세우면서 남편에게 조용히 하라고 신호를 보냈다. 누군가 뭐라고 하는 소리가 들렸다. "귀신인가 봐" 하는 소리에 남편은 "귀신이 어디 있어." 하면서 현관문을 열려고 했다. 맞다. 요즘 세상에 귀신이 어디 있으려고. 그런데 요즘은 귀신보다 더 무서운 게 사람이라고 하지 않던가. 한밤중이기는 하지만 인터폰으로 경비실에 연락했다. "아저씨, 우리 집 앞 복도에 사람이 있는데 자꾸 우리 집 문을 열려고 해요." 경비 아저씨는 잠시만 기다려 보라고 했다.

5분 정도 시간이 흘렀으나 마치 다섯 시간이 흐른 듯했다. 문 밖에서 웅성웅성 사람 소리가 들려 렌즈 구멍으로 보니 경비 아저씨가 보인다. 현관문을 열었다. 웬 낯선 남자가 제집 안방인 듯 현관문 옆 벽에 등을 대고 앉아 있었다. 경비아저씨는 위층 사장님이라고 했다. 한참 전에 올라가시는 걸 보았는데 여기로 착각하신 듯하다면서 부축해서 모시고 갔다. 그 사람도 사는 게 퍽퍽했을까 생각하니 마음이 짠하다.

연말이 다가오니 위드 코로나 속에서도 모임이 하나둘씩 생겨났다. 모임에서 술은 늘 빠지지 않고 등장했다. 사람들과 어울리기 좋아하고, 누군가에게 위로받고 싶었던 우리에게는 숨통이 트인 듯 조금은 살만한 세상이 된 듯했다. 물론 술을 좋아하지 않거나 마시지 못하더라도 그런 모임에서의 한 잔의 술은 소원했던 만큼 어색했던 시간과 긴장감을 풀어준다. 누군가는 술이 건강에 좋지 않다고도 하겠지만, 우선은 서로의 고충을 헤아려 주고 보듬어 주고 싶은 마음이다. 오죽하면 마시랴. 술과 동고동락한 지 30년이 훌쩍 넘었다는 초등 동창 친구는 술만 마시면 친구들에게 전화해서 '보고 싶다, 친구야.'를 외친다. 직장생활의 애환과 인생의 고락이 그대로 전해져 오는 듯했다.

세상사는 거 뭐 별건가. 그렇게 누군가와 만나 이야기하고, 알아가고, 위로하고, 위로받으면서 살아가는 것이겠지. 어느 보고서에 의하면 혼술(혼자 마시는 술), 홈술(집에서 마시는 술)이 늘어나면서 가구당 주류 소비량도 상승하였다고 한다. 누구 말마따나 술꾼들에게는 오조 오천만 개의 술을 마실 이유가 존재한다고 하지만, 요즘 같은 세상에야 비단 술꾼들에게만 그럴까.

현상만 보면 술에 취해 한밤중에 남의 집 초인종을 눌렀다는 게 놀랍기도 하다. 그러나 그 이면에는 퍽퍽한 세상을 살아가는 가장의 무게가 놓여 있는 게 아닌가 싶다. 답답한 세상과의 소통을 위해 이미 오래전에 현진건은 이 사회가 술을 권한다고 하지 않던가. 그 후 100년이나 지났건만 여전히 세상은 답답하고 희망이 보이지 않는다. 대선 후보들의 행보가 연일 뉴스의 헤드라인을 장식하고, 국민을 위해 가장 최선의 선택을 하겠다고 목청 높여 얘기하기 바쁘다.

예전에 우리에게 희망을 얘기하던 사람들은 어디로 갔는지. 아직도 멍들어 있는 불신의 사회는 우리에게 한잔 술을 권한다. 위층 아저씨도 그런가 보다. 그래도 자고 있을 가족들을 생각해서 초인종을 누르기가 미안했는지 버튼을 누르고 들어가려고 시도를 했던 것 같은데, 문을 열고 들어갔다고 생각했을까. 차가운 바닥에 두 다리를 쭉 펴고 자는 모습이 편안해 보이기까지 하여 픽 웃음이 났다. 남편이 씻으러 들어가면서 한마디 한다. "아유. 왜들 그래 정말."

(2021. 12. 23.)

마음의 근육 키우기

매주 한 번씩 만나 서울 둘레길을 걷는 모임이 있다. 100세 시대에 걸맞게 만나면 건강에 관한 이런저런 정보를 많이 알려준다. 코로나19로 한동안 모임이 금지되었다가 11월부터 다시 활성화되어 지난주 대모산 둘레길 걷기 모임에 참석하였다. 건강을 위해 틈틈이 만 보 걷기를 시작하였는데, 시간이 흐르면서 익숙해지다 보니 강도를 높여야겠다는 생각에 둘레길 걷기 모임에 참여하게 된 것이다.

규칙적이고 꾸준한 걷기 운동은 심장의 기능을 강화해 주고, 체온을 적당하게 상승시켜 주며 근육 이완 효과를 가져와서 질병 예방과 심리적 안정 등의 도움을 얻을 수 있다. 또한, 유산소 운동으로 심폐기능의 향상과 체지방의 감소, 우울과 불안의 감소, 혈압과 혈중 콜레스테롤 및 글루코스(포도당) 저항성 감소 등의 효과를 얻을 수 있다. 특히 신체 부위 중 전체 혈액의 2/3가량이 모여 있는 다리 부위의 경우, 운동을 통해서 혈액 순환 및 근육의 쇠퇴를 막아준다.

그리고, 근육은 심장에서 동맥에 의해 각 활동 근육에 공급되는 혈액이 정맥을 통해 다시 심장으로 돌아가는 순환작용을 원활하게 도와주는데, 무엇보다도 가장 중요한 역할은 바로 에너지의 저장고 역할이다. 우리 몸의 에너지원인 포도당이 인슐린에 의해 글리코겐으로 합성되어 근육에 저장되며, 근육량이 적어 저장되지 못한 포도당은 중성지방으로 합성되어 복부부터 쌓이게 되고, 당뇨병이나 고혈압 등의 다양한 합병증의 원인이 되기도 한다.

평지 걷기처럼 단순한 유산소 운동으로는 근육을 크게 키울 수가 없고, 계단을 오른다든지, 경사로 걷기를 하는 것이 좋다. 그러나 체중뿐만 아니라 허리둘레를 줄여주고, 노화를 막아주어 뇌 기능을 활성화하며, 고혈압이나 당뇨병과 같은 건강지표가 개선된다는 연구 결과가 있는 것을 보면 둘레길 걷기도 좋은 운동이다.

우리 일행은 산행하기에 앞서 스트레칭을 했다. 이는 유연성 향상과 관절의 움직임이 가능한 범위를 넓혀 주어 부상을 방지하도록 하기 위함이다. 가을의 끝자락에 걸려 있는 대모산은 한창 무르익어 가고 있었다. 그곳의 나무들은 온몸으로 움을 틔워 초록으로 옷을 입고 여름 내내 산을 찾는 이들에게 휴식과 즐거움을 선사해 준다. 가을이 되면 화려한 옷으로 갈아입다가, 어느덧 떠날 채비를 하듯이 스스로 몸에 걸쳤던 옷들을 떨구고 의연하게 서 있다. 다시 돌아오기 위해 떠나는 뒷모습은 아름답다고 하지 않던가. 형형색색의 아름다운 낙엽들이 두껍게 깔린 길을 천천히 걸었다. 맨발로 지나가던 어떤 사람이 내게도 맨발로 느껴보라고 한다. 낙엽이 쌓여 바스락거리는 소리를 느끼고 향기를 나누며 마음으로 자연의 소리를 들어보라고 한다.

호젓하고 능선이 길어 오르막길과 내리막길이 완만하게 적당히 겹쳐있는 둘레길 걷기는 어쩌면 인생길 같았다. 사람들에게 치여서 마음에 상처를 받고 이리저리 휘둘리는 나에게 잠시 쉬어가라고 하는 듯했다. 아름답게 물들다가 어느 순간 화려함을 내려놓고 다음을 기약하듯이, 나 역시 움켜쥔 것을 내려놓고 마음을 비우며 여유롭게 살아갔으면 좋겠다. 홀로 꿋꿋하게 서 있는 나무들처럼 의연한 마음으로, 자존감을 높여주고 자신의 가치를 높이는 내가 되었으면 한다. 매일 매일 조금씩 성장하고 있고, 어쩌면 나 자신이 생각하는 것보다 훨씬 잘 살아가고 있는 것이라고 위로받는 듯했다.

아주 작고 사소한 것들이 우리를 살게 만든다더니, 몸의 근육이 우리의 신체 건강에 중요한 역할을 하는 것처럼, 마음의 근육은 우리의 정신을 더욱더 단단하게 함으로써 내 안의 상처가 치유되게 하고, 어려운 일이 생겼을 때 주저앉지 않고 어떻게든 일어나려는 힘과 용기가 된다. 촘촘하게 서 있는 나무들 사이로 따사롭게 내리쬐는 햇살은 마치 내 마음의 근육을 보듬어 주고 활짝 피어나도록 하는 것 같았다.

가만가만 다가가 나무를 안아본다. 그리고 속삭여 본다. 오늘도 내 마음의 근육이 한 뼘 더 자랄 수 있게 되어 고맙다고. 어떠한 환경에서도 흔들리거나 당황하지 않고 나를 힘껏 사랑하며 잘 살아가리라고. 문득, 며칠 전 사소한 일로 내게 짜증을 내며 마음을 아프게 해 놓고, 아무렇지도 않게 나를 대하던 대표님의 말씀이 내 마음의 근육 속에서 꿈틀거린다. 움켜쥐었던 속상함이 녹아내린다. 그렇게 가을은 깊어만 간다.

(2021. 11. 20.)

아주 작은 손길일지라도

아직도 한낮의 뜨거움이 기염을 토해내던 시각. 한강 유원지에는 사람들이 삼삼오오 짝을 지어 앉은 모습이 시간마저 정지된 듯 느끼게 하다. 자전거를 탄 사람들이 무리 지어 지나가며 정지된 시간을 흩뿌린다. 한 시간가량 달리다가 걷다가를 반복하다가 무심한 표정으로 저 멀리 보이는 남산타워를 바라보면서 돌아오는 길이었다.

분명 조금 전 지나갈 때도 있던 아이였다. 열 살도 채 안 되게 보이는 외국인 남자아이였다. 자전거를 세워놓기 위해 뒷바퀴 부분에 설치된 킥 스탠드를 손으로 올리려다가 자전거가 힘에 못 이겨 자꾸만 그 아이 쪽으로 넘어지고 있었다. 꼭 다칠 것만 같은데, 도와주고 싶은데. 마음만 한가득한 채 그냥 지나갔었는데 돌아오는 길에도 여전히 자전거 킥 스탠드를 펴려고 애쓰고 있었다. 자신에게로 자꾸 넘어지는 자전거를 어쩌지 못하고 혼자 앉았다가 일어났다가 하면서 양팔을 벌린 채 주위를 둘러보는 모습이 마치 '어떡해. 왜 안 되는 것인데.' 하는 듯했다. 저런 경우는 그냥 오른발로 킥 스탠드를 탁하고 걷어차면 되는 일인 것을.

한강 유원지 부근의 사람들은 별로 관심을 기울이지 않는 듯했다. 아니 어쩌면 남의 일이라고 섣불리 나서지 않는 것일 수도 있을 테고, 아이 스스로 할 때까지 지켜보고 있는 것인지도 모르겠다. 보호자가 가까이에 없는 듯했다. 뛰던 걸음을 멈추고 되돌아가면서 도와주는 게 맞는가 아닌가 하는 마음의 독백이 꼬리를 물고 계속 이어졌다. 뭐라고 말을 해야 하나 생각도 했다.

자신에게 다가가는 나를 그 아이가 빤히 쳐다본다. "hello, may I help you?" 쪼그려 앉아 있다가 일어서며 양팔과 어깨를 으쓱하며 고개를 갸웃한다. 자신은 열심히 하는데 왜 안 되는지 모르겠다는 표정이다. "what's the matter your bicycle?" 자전거를 쳐다보며 양팔과 어깨를 으쓱한다. "OK. look at me." 한 다음 나는 오른발로 킥 스탠드를 탁 걷어찼다. 그런데 잘 안된다. 보통 이렇게 하면 탈칵 하는 소리와 함께 올라가야 하는데. 그래서 그렇게 계속 만지작거리고만 있었나 보다. 그 아이가 뭐라고 알아들을 수 없는 말로 계속 중얼거린다. 분명 자기도 그렇게 해 보았다는 듯했다.

스페인어와 러시아어, 그리고 영어가 자연스러운 내 아이들은 나한테 혼날 때면 자기들끼리 영어로 말하거나, 친구와 스페인어로 전화를 했다. 그러면 나는 지금 엄마 흉보느냐고 구시렁거렸다. 하루는 치사해서라도 영어를 배워야겠다고 마음을 먹고, 전화 영어를 신청했다. 내가 원하는 시간에 전화를 걸어와서 몇 분간 영어로 대화를 하는 수업이었다. 첫 일주일 정도는 쉬운 말로 대화가 되어 제법 재미가 있다고 생각했는데, 웬걸 시간이 흐를수록 어려운 단어가 나오면서 그 전화를 받는 게 스트레스로 다가오기 시작했고, 급기야 바쁘다는 핑계로 전화를 받지 않으면서, 그렇게 흐지부지 끝나버리고 말았다.

지금도 영어는 겨우 읽는 정도이고, 말하는 것은 여전히 어렵다. 영어를 배워둘 걸 하는 생각도 잠시, 어찌 되었든 말을 붙였으니 그냥 갈 수 없는 노릇이었다. 쪼그리고 앉아서 보고 있는데, 그 아이의 얼굴이 훅 들어왔다. 잘 되었으면 좋겠다는 간절함이 전해왔다. 고장이 아닌 듯하여 나는 일어나서 다시 한번 오른발에 힘을 주어 킥 스탠드를 힘차게 걷어찼다. 탁! 하면서 킥 스탠드가 올라갔다. 순간, 마치 국민학교 시절 달리기에서 1등 한 것처럼 기뻐서 그 아이를 쳐다보았다. 친한 사이 같았으면 오른손을 들어 하이파이브할 정도였다.

그 아이는 쑥스러워하면서도 환하게 웃었다. “you can ride it.” 자전거 손잡이를 잡기 쉽도록 돌려준 뒤, “bye, 안녕” 하고 다시 걷기 시작했다. 한참을 걷고 있는 내 옆으로 그 아이가 자전거를 타고 지나가더니 저만치 앞에서 자전거를 세우고 뒤돌아서서 나를 향해 손을 흔들어 주었다. 아, 얼마나 다행인가.

주위를 둘러보면 분명히 사람은 많은데, 내가 도움을 요청하면 들어줄 것 같은데 용기가 나지 않을 때가 있다. 또한, 어려움에 부닥쳐있어도 어떻게 표현해야 하는지 모르는 사람들도 있다. 물론 말을 하지 않으니 우리는 그(혹은 그녀)가 어떤 어려움에 놓여 있는지 모르고 지나가기도 한다. 꼭 어린아이가 아니어도, 외국인이 아니어도. 내가 혼자 해결하려고 하는 이 모든 것이 잘하고 있기는 한 것인지. 한 발짝 내딛기가 왜 이리 힘든 것인지. 나도 그런 상황에 부닥칠 수도 있고, 누군가 도와주기를 간절한 눈빛으로 원할 때도 있다. 그럴 때 내밀어준 그 손길은 또 얼마나 따뜻하던가. 얼마나 눈물겹도록 고맙고 위로가 되던가. 도움이 필요할 때 혼자서 해결해 보겠다고 애쓰는 동안 시간이 흐르고 마음은 초조해지고, 어떤 경우에는 쉽게 해결 가능했던 문제조차 손쓸 수 없는 지경까지 이르게도 한다.

말도 통하지 않는 낯선 곳에서 문제에 부딪혔을 때 이러지도 저러지도 못하고 애만 태우고 있었을 그 아이를 생각해 보았다. 오늘 그 아이에게 함께 어울려 살아가는 아름다운 세상을 꿈꿀 수 있는 징검다리가 되었으면 했다. 어쩌면 그 아이도 누군가가 어려움에 처해 있을 때 나서서 도와주지 않을까 하면서. 도움이 필요한 그 아이를 발견할 수 있었다는 게 행운이었다. 한강유원지에는 여전히 사람들이 붐비고 있다.

(2021. 8. 29.)

눈높이를 낮추고 보니

오늘날 많은 여성이 날씬하고 아름다움을 뽐내기 위해 하이힐을 신는다. 하이힐 하면 보통 여자가 신는 신발이라고 많이 생각한다. 그러나 그 유래를 찾아보면 재미있는 역사적인 사실도 숨어 있음을 알 수 있다.

중세 유럽에서는 말을 타고 다니는 남자들이 발걸이에 발이 잘 걸리게 하려고 주로 신었다고 전해지기도 하고, 화장실 문화가 발달하지 않아서 밤사이 쌓인 오물을 그냥 창문 바깥으로 던지는 경우가 많았었고, 건물의 으슥한 곳에서 남의 눈을 피해 대소변을 처리했었기 때문에 오물 투성이인 거리에서 발을 높임으로써 오물로 인해 신발이나 긴 옷 등이 오염되지 않도록 했다고도 한다.

16세기 당시 유럽에서는 이러한 이유로 남녀노소 불구하고 하이힐이 대유행했는데, 시간이 흐르면서 사회활동을 많이 했던 남성들보다 여성들이 많이 애용하게 되었다. 프랑스의 루이 14세의 초상화를 보면 하이힐을 신고 있는 장면이 있는데 그 굽이 20cm를 훌쩍 넘을 정도인 것을 보면 여자들보다는 남자들이 많이 신었을 것으로 짐작할 수 있다.

하이힐은 높이도 다양하고 그에 따라 명칭 또한 달라진다. 남성들이 보기에는 그냥 모두 하이힐 같지만, 굽 높이나 디자인에 따라 펌프스 힐, 스틸레토 힐, 웨지 힐, 플랫폼 힐 등 그 종류가 다양하다. 보통 7~15cm 정도의 스틸레토 힐은 걷기에는 불편하고 아프지만, 그래도 다리를 더 늘씬하고 예뻐 보이게 하여 가장 인기가 많을 뿐만 아니라 운동화보다 훨씬 유혹적인 걸음걸이와 몸매를 돋보이게 한다. 마릴린 먼로가 "하이힐을 처음 만들어낸 사람이 누구인지는 모르지만, 그의 천재성에 큰 덕을 보았다."라고 했을 정도로, 많은 여성이 고통과 불편함을 감내하면서도 여전히 하이힐을 신는 것을 보면서, 내게는 굽이 높은 신발을 신는 것에 대한 어떤 로망 같은 것이 오랫동안 있었다.

지금까지 살면서 신발의 굽 높이를 5cm 이상 신어 본 적이 있던가? 5cm는커녕 대부분 굽이 없는 플랫슈즈거나 겨우 높여야 3센티 정도였다. 가끔 모임에서 하이힐을 신고 나온 지인을 만날 때면 괜히 더 아름다워 보이고 내심 부럽기도 하였다. 어쩌다 신발 매장에 가서 나도 한번 신어볼까 하는 마음에 하이힐을 신고 몇 걸음 걸어 보았지만, 불과 몇 센티 높아진 것인데 왠지 허공을 걸어 다니는 불편한 걸음걸이와 주변 사람들보다 삐죽이 솟아오른 머리 높이가 어색해 금방 포기하고 말았다.

그러던 어느 해, 우연히 방송에서 하이힐을 신고 빙그르르 돌면서 우아함을 뽐내는 광고를 보다가 큰마음 먹고 5cm 굽 높이에 도전하기로 했다. 겨우 5센티지만 내게는 새로운 도전이었다. 디자인은 아주 마음에 들었고, 혹시나 하는 마음에 굽 높이를 낮게 주문 제작도 하느냐고 문의를 하였다. 그런데 신발의 형태가 굽을 낮추면 디자인이 틀어지기 때문에 굽 높이 조절은 힘들 것 같다는 답변을 듣고 포기할까, 살까를 고민하였지만, 지금 아니면 언제 신어볼까 하는 생각에 과감하게 샀다. 집에 와서도 계속 신경이 쓰여 몇 번이나 다시 신어보고, 정말 괜찮은가 하다가 벗어서 고이 두기를 여러 번. 집 안에서만 걸어 봐서일까 크게 불편한 것 같지 않아서 이제 좀 익숙해졌나 보다 생각하던 어느 날. 송년회 모임에 한껏 멋을 부리고 큰마음 먹고 산 5센티 굽의 구두를 신고 나들이를 나섰다.

모임 장소에 갈 때까지도 크게 불편하지 않았다. '그래, 잘 샀어.' 했다. 아니나 다를까, 모임에서 만나는 사람마다 뭔가 달라졌다는 둥, 이뻐졌다는 둥 예의 인사치레에 혼자 신이 났다. 그렇게 몇 시간을 허공에 둥둥 떠다니는 기분으로 한껏 즐거운 시간을 만끽하고 있었다. 흥이 무르익고 모임이 끝나갈 무렵 화장실을 다녀오는 길이었다. 계단이 불과 많아야 다섯 개 정도였던가 싶은데, 조심해서 내려온다고 했음에도 발이 꼬여 계단에서 삐끗하더니 넘어지고 말았다. 다행히 친한 선배가 먼저 보고 달려와서 부축해주었고 괜찮다고 억지웃음을 지었지만 걸을 때마다 복숭아뼈 부근이 시큰거렸다.

집으로 돌아가는 길에 아무래도 안 되겠다 싶어 응급실에 갔다. 응급으로 실려 온 환자들 틈 속에서 무슨 신데렐라도 아니고 하루 만에 이렇게 되냐고 하면서 신세 한탄을 했다. 젊을 때도 신지 않던 힐을 나이 들어 신어보겠다고 하더니 겨우 5센티에 밀려 신발장에 다시 들여놓으면서 피식 웃음이 나왔다. 다행히 크게 다친 게 아니어서 반깁스를 보름 정도 하고 끝났지만, 어쩐 일인지 다시는 힐을 못 신을 것 같았다. 보란 듯이 무게를 잡으며 워킹하고 싶었던 나의 욕심은 하룻밤의 꿈처럼 허무하게 끝나버리고 한동안 굽이 높은 신발은 나오지 못했다.

나에게 있어서 하이힐은 어쩌면 나의 내면의 욕망 같은 게 아니었을까. 높이 오르고 싶고, 눈에 띄고 싶고, 인정받고 싶었던 욕망. 그런 생각이 철 지난 감기처럼 내 주위에서 오랫동안 맴돌았다. 겉모습이 중요한 게 아니라고 하지만, 고든 팻쩌(Pstwer)는 『룩스(looks)』라는 책에서 매력적인 외모를 갖게 되면 인간관계, 사회관계 속에서 강력한 힘을 발휘할 수 있다고 하지 않았던가. 시간이 흐르면 외모의 가치는 떨어지기 마련이고, 억지 욕심부린다고 될 일이 아니란 것을 진작 알았어야 했는데.

내 속의 욕심을 조금씩 내려놓기 시작했다. 지나친 기대로 무장했던 마음을 비우고 나니 비로소 몸도 마음도 모두 편하고 가벼워졌다. 대신 시간이 지나도 사라지지 않는 내면의 아름다움을 위해 살기로 했다. 세상의 눈높이를 낮추고 주위를 둘러보자 플랫슈즈나 운동화를 신고도 무심하게 지나쳤던 주변의 행복들이 빛을 내기 시작했다. 나를 온전히 담아내는 신발. 누구보다도 내가 가고 싶은 곳으로 어디든 데려다주는 내 발에 편안함을 주어야겠다. 우리는 하이힐에 연연하지 않아도 이미 아름답지 않은가. 신발장 안에서 고개를 삐죽이 내민 나의 구두가 미소 짓고 있다.

(2021. 9. 30.)

내 손 안의 또 다른 세상

7년 가까이 쓰던 핸드폰이 고장이 났다. 낡은 핸드폰을 바꾸라는 온갖 유혹을 뿌리치면서 고집해 오던 핸드폰이었다. 정확히는 핸드폰이 고장 난 게 아니라 충전이 되지 않았다. 전날 분명히 밧데리가 22% 정도 있는 것을 확인했는데 그대로였다. 급한마음에 가까운 KT 대리점을 갔다. 핸드폰 속에 저장되어 있는 많은 연락처와 자료들이며, 그 외 사진들을 생각하니 앞이 캄캄해져 왔다. 대리점에서는 충전하는 곳이 불량이라면서 가까운 삼성 대리점에 가보라고 했다. 택시를 타고 가면서 대리점에 전화했다. 전화에서 흘러나오는 친절한 음성은 토요일이라서 오후 1시까지만 영업을 한다고 했다. 시계를 보니 12시 50분 정도였다. 큰일 났다. 주말 동안 핸드폰은 방전될 것이고, 그러면 KT 대리점 직원의 말처럼 핸드폰에 저장되어 있는 데이터는 모두 잃어버릴 수밖에 없었다.

울 것 같은 심정으로 헐레벌떡 뛰어갔더니 막 매장의 문을 닫으려 하고 있었다. "오늘 영업은 끝났습니다. 월요일 다시 방문을 부탁드립니다." "아, 안 돼요." 나도 모르게 울먹거리는 목소리로 직원에게 말했다. 무슨 일이냐고 묻는 직원에게 "충전이 안 돼요. 핸드폰 속에 저장해 놓은 자료를 모두 잃어버릴 것 같아요. 충전기가 고장 났는가 봐요." 했다. 그러자 내 핸드폰을 들고 검색을 하더니 너무 오래된 기기라서 단종이 되었다면서 새로운 충전기도 없다고 했다.

살아가다 보면 이런저런 별일을 다 겪을 테고 돌이킬 수 없어서 후회도 하고 심장이 서늘해지는 경험도 많이 한다지만 이건 내가 전혀 예상하지 못했던 일이다. 이미 문 닫았을 시간에 발을 동동 구르는 나를 보더니, 한 사람이 명함을 주면서 그곳에 연락해 보라고 했다. 삼성전자 제품 중 단종 되어서 그 제품의 부품이 더는 소용없어지면 그곳으로 모두 넘겨 버린다면서, 혹시 그곳에 연락하면 충전기를 구할 수도 있을 거라고 했다. 명함을 들고 나오는데 화창한 하늘이 괜히 미워 보였다. 우선 자료를 옮기는 데까지 하기로 하고 KT 대리점으로 다시 갔다. 새로 산 최신형 핸드폰에 전화번호와 중요한 자료들은 옮기는 과정에서 밧데리가 5% 정도밖에 남지 않아서 더 힘들다고 하였다. 그래도 연락처라도 옮겨서 정말 다행이라고 생각했다.

월요일 아침 명함을 받은 곳으로 연락을 했다. 다행히 그 모델에 맞는 충전기가 있는데 만 원이라고 했다. 몇천 원이면 살 수 있는 것이었지만 만 원이라도 이게 웬 횡재냐 하면서 주문을 했다. 이제 주문한 충전기만 오면 나머지 데이터도 모두 옮길 수 있을 거로 생각하니 긴장했던 마음이 풀리면서 다리에 힘이 쭉 빠져나가는 것만 같았다. 이런 기기 하나에 애간장이 타들어 가고, 이 기기가 없으면 아무것도 할 수 없다니 문득 전화가 없던 시절은 어떻게 살았을까 생각이 들었다.

전화가 없던 시절, 멀리 떨어져 있는 사람과 연락하는 방법은 편지나 엽서가 대부분이었고 어쩌다 급한 내용을 알려야 할 때는 전보를 치기도 했다. 중학교 시절 서울에 있는 언니한테 급하게 연락해야 할 일이 있으면 우체국에 갔다. 시외전화를 신청해 놓고 한참을 기다리면 신청자의 이름이 호명되고, 공중전화 부스 같은 분리된 공간에 들어가서 소리소리 질러가며 통화를 하고는 했다.

어느 날 우리 집에도 까만 다이얼 전화가 설치되었다. 묵직한 수화기를 들고 "뚜~" 신호음이 들리면 동그란 구멍에 손가락을 넣어 다이얼을 돌린다. 드르륵드르륵 그 소리가 좋아 딱히 전화할 곳이 없어도 틈만 나면 전화기를 들고 다이얼을 돌렸다. 엄마는 통화하지 않고 전화기를 들고만 있어도 전화 요금이 많이 나온다며 얼른 내려놓으라고 성화를 하셨다. 외국에 있던 오빠와 통화를 할 때면 가까이에서 말하는 것처럼 느껴져서 너무 신기했다. 찌렁거리는 벨 소리가 들리면 동생과 서로 받으려고 뛰어가던 일도 추억이 되어 그립다. 무엇보다도 사람이 보이지 않는데 그의 목소리가 들린다는 것이 신기했다.

80년대 후반 직장에는 흰색이나 검은색 다이얼 전화기가 있었다. 전화기 다이얼 옆에 '용건만 간단히'라고 종이에 적힌 글처럼 통화할 일이 있어도 3분을 넘기지 않도록 간단하게 해야만 했다. 시외전화를 하면 비싼 요금 청구서에 누가 시외전화를 했느냐고 하여서, 지방에서 상경한 직원들은 서로 눈치 보며 조심하던 시절이었다. 그러다가 버튼식 전화기와 움직이면서 전화를 받을 수 있는 무선전화기가 나왔다. 그 이후에는 핸드폰이 나오고, 터치폰이 나오더니 바로 스마트폰으로 바뀌었다.

생각해보니 전화가 없어도 어떻게든 소통하며 살았겠으나 앉으면 눕고 싶고, 말 타면 종 부리고 싶다더니 편한 세상에 길들어서 아날로그 시절로 돌아가기엔 이미 너무 많이 와버렸다는 생각이 든다. 잠잘 때를 제외하고는 온종일 손에 들려 있는 핸드폰은 우리에게 또 다른 세상을 열게 해 주었다. 그 작고 가볍고 편리한 기기 속에 세상의 흐름이 담겨 있고, 온갖 정보를 공유할 수 있으며, 우리가 생각하는 그 이상의 무한한 발전 가능성이 담겨 있다. 그러나 한편으로는 같은 공간에 있어도 핸드폰으로 인해 대화가 없어지고, 가까운 사람끼리도 겉도는 느낌이 들게 한다. 밤늦게까지 휴대전화를 보느라 수면을 방해하여 누적된 피로감과 시력 저하가 염려되기도 한다. 편리함을 주는 기기임에는 틀림이 없지만, 시간과 공간을 정하여 적당하게 사용하는 습관이 중요하다.

서랍장을 여니 그동안의 소중한 추억이 가득한 내 손길이 담긴 전화기들이 예쁘게 담겨 있다. 어느 한순간 소중하지 않은 시간이 없어서 그때의 추억이 담긴 구닥다리 전화기지만 버리기에는 차마 아깝기도 하다. 남편이 보더니 골동품 되면 부르는 게 값이 될 테니 잘 보관해 두라고 한다. 핸드폰 충전기 고장으로 애간장을 녹이던 그때가 생각나서 피식 웃음이 나왔다. 인공지능의 발전 속도가 계속 고공행진 중이니 이제 또 무엇이 나타나 우리를 새 노예로 만들지 궁금하지만, 짐작도 할 수 없다. 그냥 살아보는 거지 뭐.

작은 배려

거칠고 긴 사막횡단에 성공하였다는 어떤 사람의 인터뷰 기사를 본 적이 있다. 기자들이 뜨거운 사막을 건너는데 가장 힘들었던 것이 무엇이냐고 물었다. 흔히 갈증이나 뜨거운 태양, 혹은 외롭게 홀로 걷는 일이 아닐까 생각이 들 것이다. 그러나 그 사람은 사실 자신을 가장 고통스럽게 만들었던 것은 끊임없이 자신의 신발 속으로 들어왔던 작은 모래알이었다고 대답했다.

나는 그 기사를 읽으면서 아, 정말 그럴 수 있겠다고 생각했다. 아주 작고 사소한 어떤 일들이, 더구나 누구도 대수롭지 않게 여기는 어떤 일들로 골머리를 앓는 경우가 간혹 있다. 수건을 각을 맞춰 개켜 놓아야 마음이 놓인다는 사람, 음료수를 마시다 만 컵은 바로 씻어야만 개운하다고 느낀다는 사람, 직장에서 어느 한 사람이 이유 없이 자신을 괴롭혀서 직장을 그만둘까 고민하는 사람. 길을 걷다 보면 그곳에 왜 있어야 하는지 이해가 되지 않는 마시다가만 음료수 컵들. 빨간 불인데도 무단횡단을 하는 사람들의 안전불감증. 지하철에서 주위의 시선은 아랑곳하지 않고 큰 소리로 떠드는 사람들. 우리는 편안하고 안락한 삶을 살기를 희망하지만, 실상은 이런저런 일들로 마음의 평화가 깨지고 자꾸만 신경이 쓰이면서 예민하게 된다.

이렇듯 우리는 정말 많은 걱정을 하면서 살고 있다. 그러나 그 걱정의 대부분은 사실 그다지 중요하지도 않은 일일 수도 있다는 생각이 들었다. 사소한 것들 때문에 힘들어하고 따지다 보면 별것도 아닌 일에 감정이 상하고 고통을 경험하기도 한다. 서로 다름을 인정하지 않아서 그렇지 않을까. 작고 보잘것없고 사소한 일이기에 크게 신경 쓰지도 않고, 적극적으로 해결할 생각도 없는 것일지도 모른다. 나는 이 일이 너무 신경 쓰이고, 스트레스이며 이 일만 해결되면 살 것 같은데, 정작 해결의 실마리를 쥐고 있는 상대방은 본인의 고통이나 스트레스가 아니기 때문에 강 건너 불구경하듯이 한다. 그런 사소한 갈등이 시작되어 더 큰 화를 불러오는 것이다. 우리는 모두 다르다. 틀렸다는 것이 아니다. 나만 옳다거나 상대방은 잘못되었다기보다 우리는 그저 다를 뿐이다.

아는 지인이 아파트 분양을 받았는데 30층이라고 하였다. 아파트가 몇 층높이인데 30층이냐고 물었더니 꼭대기 층이라고 했다. 여름에 덥다고 하던데 어떠냐고 물어보았다. 그랬더니 자신은 층간 소음으로 오랫동안 스트레스를 받은 나머지 위층에 아무도 살지 않는 곳이면 족하다고 했다. 처음 층간 소음으로 고생

하던 때를 얘기하면서 밤 11시만 되면 아이들이 뛰어다녀 편안하게 잠을 자는 게 소원이었다고 하였다. 위층과 자꾸 부딪치는 자신을 보면서 내가 너무 예민한가 자책도 하고, 층간소음을 별 분쟁 없이 마무리할 수 있는 방법은 없는지 여기저기 알아보았으나 결국, 큰 소리로 싸우는 지경까지 가게 되었다고 하면서 하루빨리 그곳을 벗어나고 싶었다는 것이었다. 어쩌다 엘리베이터에서 만나면 어색한 분위기와 자신의 고통 따위는 안중에도 없는 그들 때문에 괜히 온종일 기분이 좋지 않을 때가 많았다고 하면서, 지금은 그 어느 때보다 행복하다고 했다.

큰아이 친구는 어렸을 때부터 층간 소음으로 아래층에서 사람들이 자주 올라와 어른들이 싸우는 것을 보면서 언제부터인가 까치발을 들고 걷기 시작했다고 하였다. 그러다가 고등학교를 졸업하고 다른 곳으로 이사를 하게 되었는데, 이제는 까치발로 들고 다니지 않아도 된다고 생각하여 뒤꿈치를 들지 않고 걸으려고 해도 너무 오랫동안 그렇게 걸어온 습관으로 아킬레스건이 퇴화하였다고 했다. 결국, 큰아이 친구는 종아리부터 발뒤꿈치까지 절개하여 아킬레스건을 늘리는 수술을 하였다. 종아리 부분에 흉터를 남기게 되었다면서 아이 엄마는 속상해했다.

코로나19로 사람들이 집에 있는 경우가 많아지다 보니 층간 소음 문제가 그 어느 때보다 많이 뉴스에 나온다. 신발 속의 작은 모래알처럼 시시때때로 자신을 괴롭히는 이러한 일들은 사실 겪어보지 않고는 아무도 모른다. 그런 마음들이 쌓여 주위를 불신하고 미워하고 협박하고 비난하면서 우리들 자신의 마음을 병들게 하는 것이다. 신발 속의 모래알을 털어도 다시 신발 속으로 들어와 우리를 괴롭힌다.

사막 같은 인생길을 걷고 있는데 한번 털어내는 것으로 끝나지 않는다는 것을 우리는 너무나 잘 안다. 아무리 조심을 하려고 해도 어느새 신발 속으로 미움, 시기, 질투, 불신, 비난 같은 모래알이 스며들어올 테니까. 물론 각자 얘기를 들어보면 다 이유가 있다. 사막을 걷고 있다고 하지 않는가. 커다란 돌덩이만 고통스러운 것이 아니다. 어찌 보면 그렇게 작은 알갱이가 우리를 힘들게 하는 것이다. 미움과 불신의 모래 알갱이는 과감하게 신발을 벗고 털어버렸으면 한다. 물론 또다시 모래가 들어올지라도. 그러기 위해서는 상대방의 관점에서 조금만 생각을 해 주었으면 좋겠다. 모래 그거 털어내면 그만인데, 뭘 그리 힘들다고 그러지? 하는 생각보다 차라리 옆에 있다면 신발을 벗어 모래를 털어내어 주면 어떨까.

인생이라는 사막에서 털어내도 신발 속으로 자꾸 들어오는 작은 모래 알갱이. 분명 의도적으로 신발 속으로 들어온 것은 아닐 것이다. 우리가 미처 알지 못하는 어느 순간에 들어와 우리를 지치고 넘어지게 하는 것이다. 그보다 훨씬 큰 역경도 잘 이겨낸 사람이 간혹 작은 모래알 때문에 힘들어하고 고통스러워하는 것을 종종 볼 수가 있다. 큰 희생을 치르면서 지켜온 우리의 많은 행복하고 소중한 것을 겨우 작은 모래알 때문에 잃어버릴 수는 없지 않은가. 서로 마음속의 작은 모래알을 잘 털어내고 견디어 낼 때 비로소 즐거운 인생의 사막 여행길이 되리라 생각한다. 혹시 나는 누구 발의 모래알은 아니었을까?

삶은 공사 중이다

어쩌다 한번씩 가게 되는 은행의 건물이 리모델링을 하는지 건물 외벽에 공사 중임을 알리는 파란 담장이 쳐 있었다. 통행에 불편을 끼쳐서 죄송하다는 현장 소장의 사인이 들어간 안내판이 한쪽 옆에 설치되어 있었다. 오래된 건물이다 보니 외벽의 페인트는 벗겨지고 내부로 통하는 계단 모서리도 깨져 있었던 게 생각났다. 한참 후에 다시 가 보니 계단 옆에 바퀴가 오르내리기 편하도록 경사로가 생겨 있고, 건물 외벽은 새로 올린 것처럼 깨끗해져 있었다. 내부 시설도 조금 바뀌어 이전보다 훨씬 깔끔하고 편리하게 변해 있었다. 다 부숴버리지 않고 이렇게 말끔하게 새것처럼 바꾸어 놓다니 신기하기도 하면서, 문득 나도 이렇게 공사를 해서 나의 부족하고 잘못된 부분을 고칠 수 있다면 참 좋겠다고 생각했다.

살면서 행복하다고 느꼈던 일들은 특별한 순간들만 있었던 것도 아니다. 부족한 듯해도 그 속에서 만족하며 자신이 좋아하고 잘하는 일을 하면서 지내는 게 아닌가 싶다. 아이들을 키우면서 내가 좋아하는 일도 함께 최선을 다하고자 노력했다. 나는 완벽한 인간이라고 생각한 적도 없지만, 그보다 부족함이 많은 사람이라는 것을 알기까지는 그리 오랜 시간이 걸리지 않았다.

아이들이 커갈수록, 회사에서 지위가 올라갈수록 자꾸만 작아지는 내가 눈에 들어왔다. 성적에 구속되어 아이들을 닦달하는 내가 보이고, 연봉이 오를수록 그 자리를 유지하기 위해 악바리같이 일하는 내가 안쓰러웠다. 아이들을 사랑한다는 이유로 그들이 잘되기를 바라는 마음만 앞섰다. 가정과 직장이라는 두 마리 토끼를 모두 잡기 위해 젊은 시절을 동분서주하면서 보냈다. 그게 최선이라고 생각했다. 인생 그리 길지 않으니, 즐기면서 살자고 말하는 남편과 자꾸 부딪쳤다. 젊어서 고생은 사서도 한다는데, 나를 이해해 주지 않는다고 생각했다. 내가 행복하다고 생각했던 기준이 흔들리고 있었다.

어느 날 문득, 나중에 행복을 찾는다는 건 때를 놓쳐버린 일이 될지도 모르겠다는 생각이 들었다. 인생은 최선을 다한다고 억지로 되는 게 아니었다. 잘하고 싶었던 마음과 달리 자꾸 엇나가는 내가 싫었고 뭔가 변화가 필요했다. 누군가 그랬다. 잘하는 것과 좋아하는 것은 다르다고. 좋아하는 것은 나 혼자와의 관계이지만, 잘하는 것은 그것과 관계있는 그 누군가도 인정해 주어야 하는 것이라고 했다. 나는 좋아하기만 했을 뿐 잘하지는 못했던 것이다.

나는 나를 공사하기로 했다. 잘못된 부분은 고치고 수정하면서. 그렇게 하지 않고 계속 달려가다가는 어느 순간 삶의 앰뷸런스를 타게 될지도 모른다고 생각했다. 나는 나 자신이 공사 중임을 시인하고 그들에게 이해와 용서를 구했다.

흔히들 완벽한 인간은 없다고 한다. 그러므로 수시로 보수를 하고 공사를 해야 한다. 잘못된 부분이 있으면 더 큰 사고가 일어나기 전에 고쳐야 한다. 누군가의 삶의 통행에 불편을 준 것이 있다면 용서를 구해야 한다. 할 수 있는 한 집중하고 반복되게 사랑으로 그들에게 이해를 구하고 나를 공사해야 한다. 그런 사랑이 없는 삶은 비극이 되는 것이다. 아침에 눈을 뜨면 새로 시작하는 마음으로, 사랑하는 마음으로 열심히 공사를 시작한다. 내 심장을 뛰게 하고 관심이 가며 나의 눈을 반짝이게 하는 무언가가 있다는 것이 참 좋다. 내 삶에 비로소 사랑이 있음을 확인하는 순간이다.

작년 친정엄마의 병문안을 다녀오는 길에 나는 엄마에게 어떤 사람이었을까 생각했다. 살갑지 못한 딸이었고, 다정하지도 못했다. 그때 곁에 있던 아이가 말했다. “어릴 때 외할머니께서 우리 집에 오셨는데, 동생과 침대에서 우리가 막 뛰고 있었거든. 그때 엄마가 먼지 난다고 뛰지 마라 했는데도 계속 뛰었어. 그러자 외할머니께서 내 자식 힘들게 하는 놈은 누구라도 싫다면서 그만 뛰라고 하셨어. 외할머니한테 엄마는 어떤 의미인지 알 수 있겠더라."라고. 아주 오래전의 일을 마치 엊그제 일어난 일처럼 말하는 아이를 보면서, 내가 누군가에게 이런 존재구나 하는 생각을 했다. 정말 고맙고 가슴 저 밑에서 뜨거운 것이 올라오는 듯 했다.

삶을 열심히 살아야 하는 이유가 보였다. 우리 모두는 누군가에게 그런 소중한 존재이다. 나이 드신 부모와 젊은 자식들 사이에서 내가 어떻게 지내야 하는지도 알 것 같았다. 나만의 생각은 한 수 접고 그들의 눈높이에서 긴장을 늦추고 다가가야 한다. 나 자신의 이기심과 편견과 교만을 내려놓고 진정한 가치를 위해 늘 보수하고 공사를 해야 한다.

비록 낡고 오래된 건물이지만 보수 공사를 함으로써 이전보다 좀 더 좋아진 것처럼 나의 삶도 마찬가지일 것이다. 서로 안아주고 격려해 주며 계속 다듬어 가야 한다. 하루하루 성품을 다듬고 부족한 인격을 공사해 가면서 비로소 성숙한 인간으로 나아갈 수 있는 것이다. 살아가는 동안 무엇인가 마음에 들지 않고 불편하다면 지금 공사를 해야 할 때가 된 거라고 생각했으면 한다. 그렇게 삶의 부족하고 모자란 부분을 채우고 다듬어 가면서 나는 멈춰져 있는 것이 아니라 느리지만 조금씩 성장해 나갈 것이라고 믿는다. 따뜻한 햇살 같은 평안한 삶 속에서 어느 날 바람 한 줌이 작은 나뭇가지 하나를 흔들어 놓듯이, 나의 내면에서 울리는 소리(어쩌면 아주 작고 사소한 행동 하나)에도 귀 기울여 듣는다. 나의 삶은 늘 '공사 중'이다. 내 희망을 이루기 위해 우리 동네 건물들이 계속 리모델링을 이어갔으면 좋겠다.

익숙해지면 괜찮아

내가 사는 아파트와 이웃에 접한 아파트 사이에 조그만 샛길이 있다. 마트를 갈 일이 있거나 병원이나 편의점을 가기 위해서 그 샛길을 지름길 삼아 다니고는 했다. 어느 날 늦은 시각 길 건너 약국을 다녀오면서 그 샛길을 걷고 있었다. 밤 10시가 훌쩍 넘긴 시간에 행인조차 없는 야심한 밤이었다. 아파트 4~5층 높이 정도 되는 나무들이 우거져 있어서 달빛조차 느껴지지 않았다. 건너편에서 누군가 걸어왔다. 점점 가까워지더니 내 옷깃을 스치고 지나갔다. 불현듯 이 길이 초행길이었으면 좀 무서웠겠다는 생각이 들었다. 수시로 다니던 길이니 익숙해져서 안심했던 것 같다. 저녁에 가족들이 모인 자리에서 얘기했더니 환한 길을 두고 뭐하러 그 길로 지나다니느냐고 통박을 맞았다.

가끔 출근길에 시간적 여유가 있으면 한두 정거장 전에 내려서 걸어서 출근한다. 청담역에서 내려 회사가 있는 강남구청역까지 걸어가려면 25~30분 정도 걸린다. 약간의 경사길이라 처음 걸을 때는 땀이 났다. 몇 달을 계속 걷다 보니 익숙해져 걸음이 좀 빨라졌다. 출근길 이다 보니 항상 같은 길로 다니는 것에 비해 경로를 바꿔서 걸으면 약간의 긴장감도 느끼는 경우가 있다. 거리는 비슷하지만, 경로를 바꿔서 걷게 되면 시간이 더 오래 걸리는 듯한 느낌이다. 아마도 익숙함을 벗어났기 때문이리라. 익숙하고 편안한 경로가 나오면 일부러 돌아서 새로운 길로 걸어보곤 한다. 빠듯한 출근 시간에 급한 마음이 들더라도 조급해하지 않고 걷는다. 여유시간이 없을 때는 다음날 조금 일찍 출발해서 탐험하듯 그 길을 걷는다. 누구는 바쁜 출근 시간에 걸어서 출근하면 하루 종일 피곤하지 않느냐고 걱정해 주기도 하고, 부지런하다고 칭찬해 주기도 한다. 그럴 때 나는 말한다. "익숙해지면 괜찮아."라고.

아는 선배 중에 걱정을 사서 하는 사람이 있다. 선배 생각에는 내가 걱정되어서 해주는 말일 수도 있다. "내가 겪어봐서 아는데. 처음 들어갈 때 많이 받아야 해. 일단 들어가면 더 달라고 할 수도 없잖아. 그걸 왜 받았어? 못하겠다고 하지." 내가 십 년 전 현 직장으로 이직하려고 했을 때 인수인계도 엉망이고 연봉도 마음에 들지 않는다고 투덜대자 선배가 그렇게 말했다. 새로운 곳에 출근하여 익숙하지 않은 환경 속에서 나는 스트레스를 받았다. 거래처 사람들은 새로 맞이한 실장이라는 담당자가 마음에 들지 않는 듯했다. 하고 싶은 말은 많고, 무엇이든 열심히 할 자신은 있었다. 그러나 나의 그런 마음을 어떻게 내보일 수 없었다. 사람들은 나에게 상담하기 안 미더워했다. 지난 15년 정도의 경력이 무색해졌다. 그렇다고 해서 물러설 내가 아니라는 노래 가사처럼 나는 딱 3년만 해보기로 했다. 그래도 안 되면 더 나이가 들어 이직하기 어려워지기 전에 과감히 접기로 했다.

20년 전, 공부하기 위해 잘 다니던 대기업을 그만두고 나와서 전공을 살린답시고 겨우 조그마한 회계법인에 입사를 했다. 당시 세무사사무실에 근무하는 직원들은 대개 여고 졸업 후 바로 입사한 경우가 많았다. 그런데 나이가 많은 대졸 신입사원이 들어온 것이다. 선배들은 내게 업무를 가르쳐 주지도 않았고, 꿔다놓은 보릿자루처럼 나는 아무것도 할 수 없었다. 커피 심부름이나 복사하는 것 외에는. 그저 시키는 일만 할 뿐. 나보다 나이 어린 선배들 속에서 어쨌든 나는 견뎌내야 했다. 괜히 대기업을 그만두었다고 후회하였다. 그런 내 마음을 아시는 듯 회계사님은 "시간이 지나고 익숙해지면 괜찮을 걸세." 하시며 내가 이곳에서 잘 견뎌내기를 바란다고 말씀을 하셨다.

어느 날 이렇게 후회만 하고 있으면 안 된다는 생각이 들었다. 직원들이 모두 퇴근하고 나면 혼자 남아 두세 시간씩 공부했다. 두꺼운 세법 책을 펼쳐놓고 법인세와 종합소득세 등 각종 세금이 산출되기까지의 과정을 이리저리 분석했다. 그러나 생각처럼 진도는 잘 나가지 않았다. 무슨 뜻인지 알 수 없는 상태로 시간만 흘렀다. 나는 어쩔 수 없이 이해가 되지 않는 내용은 차라리 외우기 시작했다. 얼마 후 회계사님이 회의 시간에 어떤 질문을 하셨는데 아무도 대답하지 못했던 일을 그저 단순하게 외워버린 내가 대답한 것이다. 순간 직원들은 놀란 표정으로 나를 쳐다보았고 고개를 끄덕여 주었다. 나는 자신감을 느끼기 시작했다. 비록 외워서 대답한 것일지라도 하면 된다고 생각했다.

그렇게 세무 일로 접어들어서 결혼과 출산, 육아 등의 일로 그만두었다 다시 시작하기를 반복하면서 30년의 세월이 흘렀다. 자신이 하고 싶은 일을, 자신이 할 수 있는 일을 하면서 살아간다면 얼마나 행복할까? 나는 그렇게 3년만 해보자고 시작한 이곳에서 10년을 넘기고 있다. 거래처 사람들과도 편안해지고 익숙해져서 가족 얘기도 스스럼없이 할 수 있게 되었고, 신뢰도 얻었다. 대표님은 나의 업무 스타일을 좋아하셨고 그와 더불어 꾸준하게 연봉도 올랐다. 아직도 부족함이 많지만, 그래도 고객들에게 세금에 대해 설명해 줄 때가 가장 행복하다. 사람들은 내가 이 업종에서 오랫동안 일을 한 것과 관련하여 힘들지 않으냐는 말을 많이 한다. 그럴 때 나는 또 말한다. "익숙해지면 괜찮아요. 라고.

지금도 나는 나의 길을 찾으면서 가고 있다. 어떤 일은 시간이 조금 더 걸리고 힘이 들지도 모른다. 익숙해지고 편안해진다는 것은 어쩌면 무언가의 끝인 듯하지만 동시에 새로운 시작을 의미한다고 생각한다. 수필 수업을 시작해보니 그동안 내가 익숙하고 편안하다고 생각했던 것들 속에는 설렘과 함께 약간의 두려움으로 시작했다는 생각이 들었다. 겨울바람과 시린 눈을 이겨내고 난 뒤 비로소 아름다운 열매를 맺을 수 있는 것처럼 나는 또 열심히 살아갈 것이다. 어둠에 익숙해져 있기 때문에 새벽이 온다는 것을 알고, 파도에 익숙해져 있기 때문에 곧 고요가 찾아온다는 것을 알 수 있는 것처럼. 별을 보려면 어둠이 필요하다고 한다. 또 다른 기다림의 연속일 수 있는 익숙함으로 나의 삶이 더욱 빛나기를 기대해 본다.

내가 그렇게 해 줄게

퇴근길 바람이 차다. 곧 겨울이 오려나 보다. 봄부터 가을까지 베란다에 있던 화분들을 정리해서 하나둘 거실에 들여놓았다. 그중에 내 키보다 큰 행운목을 거실에 둘 수가 없어서 현관 입구에 두기로 했다. 겨울 동안만 잠시 불편하면 될 듯싶었다.

어느 날, 세탁물을 가져오신 세탁소 사장님이 "어, 행운목에 꽃이 피었네요. 좋은 일이 있으려나 봐요." 한다. 매일 들락날락하는 가족 중 누구도 눈치를 채지 못했다. 10년 가까이 우리 집에서 함께 지냈다. 그동안 주위에 행운목 꽃을 피웠다는 얘기만 들었지 우리 집에서 꽃을 볼 줄이야. "어디, 어디요?" 마치 남의 집에 온 듯이 까치발을 하고 이리저리 찾아보았다.

저기 아주 작은 꽃봉오리가 오밀조밀 부끄러운 듯 숨어

있는 듯 피어 있었다. 나는 너무나 신기해 요리조리 사진을 찍었다. 가끔 인터넷에서 보면 행운목 꽃이 길게 주렁주렁 달려 있었는데 우리집 행운목꽃은 이제 막 피어나기 시작한 듯 조그맣게 몇 개 피어 있었다. 행운목에 물을 줄 때마다 '목이 말랐지. 시원하게 마시고 무럭무럭 자라렴.' 하고 말만 했다. 그리고 꽃을 피울 거라는 것도 잊고 지냈다. 향기롭다고 알려진 것과는 달리 냄새에 예민한 나조차도 향기가 느껴지지는 않았다. 며칠 뒤 다시 보았을 때는 풍성하게 꽃이 피어 있었다. 그 자태가 너무나 아름다워 만나는 사람마다 붙들고 자랑하기에 바빴다.

식물이 잘 자라기 위해서는 적당한 햇빛과 물이 필요하다고 한다. 물이 지나치면 뿌리가 썩을 수도 있고 열매를 맺는 과수일 경우 당도가 떨어질 수도 있다. 햇볕은 뜨거울수록 잘 자라는 듯하다. 굳이 부족해야 한다면 햇빛보다는 물이어야 하지 않을까 생각한다. 그러나 햇빛과 물과 함께 잘 자라고 있는지 보살펴주고 관심을 두는 것도 필요하다. 사람도 마찬가지인 듯하다. 관심과 사랑을 충분히 받은 사람은 작은 말 한마디에도 편안함과 여유로움이 묻어난다. 업무상 많은 사람과 만나고 이야기를 하게 된다. 어떤 이는 시종일관 '나 대단한 사람이오' 하고 광고하듯이 말하기도 하고, 어떤 이는 '네, 아, 그러셨군요. 그렇군요. 저도 그렇게 생각합니다.' 하며 맞장구만 쳐주는 사람도 있다. 또 어떤 이는 문제가 생기면 그 문제에 대하여 왜 그렇게 되었는지 꼬치꼬치 묻고 따지기도 하고, 어떤 이는 무한 긍정으로 내게 편안한 여유로움을 보여주기도 한다.

어느 해 봄, 둘째 아이가 내가 좋아하는 보라색 꽃과 스타벅스 커피를 들고 사무실에 찾아왔다. 한창 바쁜 시기에 회사에서 계속되는 야근으로 지쳐있을 때였다. "생일 축하해. 엄마" 회사 대표와 직원들의 부러움 속에 나는 천국 속에서 지내는 듯 온갖 피로를 한꺼번에 날려버릴 수 있었다. 아이 둘을 키우면서 직장생활을 하다 보니 꼭 보상심리는 아니어도 가능한 관심과 사랑을 듬뿍 주려고 했다. 다음 날 출근해야 하는 상황에서도 아이들이 원하면 심야 영화도 보러 갔다. 책을 읽고 나서 밤을 새워 얘기도 했다. 꼭 그 날짜만 된다고 하면 다음 주 빡빡한 업무 일정을 두고도 시간을 내어 여행을 갔다. 엄마와 쇼핑을 하러 가는 걸 원하면 기꺼이 함께 가서 옷집마다 들러 이 옷 저 옷 입어보고 어울리냐고 수십 번을 확인하고 물어봐도 웃으면서 응원해 주기도 했다. 그리고 맛있는 것을 사 주는 것으로 하루를 마무리했다. 특히 생일날이면 손수 만든 수수 팥떡과 경단을 빚어 가까운 이웃과 나눠 먹으며 아이의 건강을 기원했다. 또 약식을 좋아해서 휴일이면 약식을 만들어 아이들이 쉽게 먹을 수 있도록 준비해 두기도 했다. 마치 내가 해줄 수 있는 일이 그것뿐인 것처럼.

얼마 전 딸아이가 내게 말했다.

“엄마는 제게 엄마라기보다 완벽한 신 같은 존재였던 것 같아요. 그런데 어느 순간부터 엄마는 엄마이기 전에 여자고 사람이구나 생각이 들면서 보살펴야 하고 실수도 할 수 있다고 생각했어요. 그러면서 고민도 많았어요. 어느 책에선가 보니까 엄마는 ‘나’로 인해서 처음 ‘엄마’가 되신 거래요. 그러다 보니 모든 게 다 ‘처음 하는 일’이어서 서툴고 부족하고 실수도 하는 거래요. 저는 그저 당연한 것처럼 받았던 모든 사랑과 관심, 격려들이 사실은 엄마도 열심히 애쓰고 노력하신 거래요. 엄마 정말 감사하고 고맙고, 사랑해요. 이젠 우리가 더 많이 사랑해 줄게요.”

그저 잘 자라기를 바라는 마음 하나로 행운목에 물을 주었던 것처럼 어느덧 내 아이들도 내게 충분한 햇빛과 적당한 물을 보내주고 있었다. 그로 인해 우리집 현관 앞에서 소리 없이 조용히 꽃을 피운 행운목처럼 나 역시 기쁨과 희망의 꽃을 피우고 있다. 내가 피워낸 기쁨과 희망을 보면서 내 아이들은 사랑과 관심이 가득한 마음으로 따뜻한 세상을 꿈꾸며 살아가기를 바라본다.

성찰과 자긍심에 기초한 희망을 노래하는 수필가

오경자
(국제PEN한국본부 부이사장, 문학평론가)

수필은 자신의 신변에서 일어나는 모든 일이 다 글감이 되는 평범함에서 출발한다. 그러기에 실제 작품을 써 내려가는 과정에서는 무섭도록 치열한 작가의식이 발현되어야 독자에게 감동을 줄 수 있는 한 편의 글이 빚어지는 특성을 지니고 있다고 할 수 있다. 그렇게 되는 첩경은 뚜렷한 주제가 글 안에서 살아 숨 쉬어야 한다. 글을 이끌어가는 중심이 되는 내용을 주제와 착각하는 경우가 많은데 주제는 작가가 전하고자 하는 내용의 뼈대라고 할 수 있다. 중심이 되는 내용이나 이야기 들은 주제를 담아내기 위한 그릇이 된다.

수필가 신영애는 부모님에 대한 그리움과 추억, 자신의 일에 대한 자긍심과 소명 의식에 가득 찬 일상의 이야기, 믿음직스럽고 사랑스러운 자식들에 대한 무한한 사랑과 잘 자라준 이야기, 부모님에 대한 향념과 추억에 함께 버무려서 뿌듯함과 감사를 담담하게 쓴다. 거기에 희망찬 미래를 확신하면서 보내는 격려와 다짐으로 그 안에 주제를 잘 담아내는 수필을 쓴다.

> 엄마가 돌아가셨다. 돌아가시기 전, 엄마와 지난 시절을 얘기하던 시간이 있었다. 엄마는 그날 택시를 태워 준 것이 나를 위해 해 준 일 가운데 제일 잘한 일이라고 말씀하셨다. 아버지의 밤길을 비춰주고, 엄마가 위로받았던 따뜻하고 환한 보름달이 뜨는 날이면 나는 문득 달빛 아래서 춤을 추고 싶다. 타인의 친절과 호의를 맞잡고 살아온 서울살이 속에서 이만하면 잘 살아내고 있는 것이라고, 엄마가 그리운 날이면 달빛을 벗 삼아 무작정 걷던 그 시절의 나를 위로하면서, 달을 가만히 보고 있노라면 어둠을 등에 짊어지고도 온몸으로 세상을 환하게 밝혀주며 나를 위로해 주는 것 같다. 누구나 다 그런 어둠 하나 등에 짊어지고도 서로 환하게 비추며 살아가는 것이겠지. 눈에 보이지 않는다고 해서 아무렇지 않은 것은 아니듯이. 세상을 살아가는 모든 '나'에게 응원을 보낸다. 오늘따라 달빛이 유난히 밝다.
>
> -「달빛 소나타」 중에서

목을 길게 늘이고 아버지 돌아오기만 기다리는 딸에게 손전등을 쥐여 주며 아버지 마중 나가 보라던 엄마, 그 손전등을 비추며 아버지를 마중하러 길에 나서면 두렵지 않았다는 어린 딸은 이제 어머니를 떠나보내고 그날의 손전등 불빛과 오늘의 달빛을 교묘하게 한 줄에 놓고 아버지를 기다리던 엄마와 콧노래를 흥얼거리며 마중 나온 딸을 끌어안고 대견해 하시던 아버지의 음성을 떠올린다. 서울로 취직 면접시험을 보러 가는 날의 기막힌 사연과 그날의 달빛을 잘 조합해 나가면서 오늘 이 달밤에 엄마를 그리워하는 심정을 담담하게 그려낸 수작이다.

신영애의 수필은 수필의 요체인 역지사지와 성찰이 근간을 이루고 있어 독자에게 교훈적이면서도 자신을 드러내 보이지 않는 문장력으로 친근감을 유지하는 특징이 있다. 수필은 여러 덕목 중에서 역지사지가 중요한 요체 중의 하나이다. 자신의 이야기를 중심으로 쓰는 글이기에 거기는 언제나 주변의 사람들이 많이 등장하기 마련이다. 거기다가 자신에게 깊은 울림을 주었던 일들이 주된 글감이다 보니 주변 사람들과의 감정의 골이 깊은 내용들이 회고되기도 한다. 이런 연유로 수필을 써나가는 데 있어 자신의 감정에만 충실하다 보면 본의 아니게 다른 사람의 입장이 이상해지거나 왜곡되는 경우가 생기기 쉽다. 여기서 작가는 역지사지의 심정으로 상대방의 생각을 미루어 짐작해 주어야 한다. 이런 표현이 없이 사실대로 써 버리면 그것이 진실이라 할지라도 해당되는 사람의 감정을 상하게 하고 오해를 불러일으킬 수도 있다.

그뿐인가, 멥쌀가루를 물에 이겨 풀을 쑨 다음 물김치를 담가놓으면 여름 내내 입속에서는 시원함이 파도처럼 너울거린다. 김장을 끝내고 남은 무는 굵은 소금항아리에 그대로 푹 꽂아두면 맛깔스러운 짠지가 되는데, 총총 채 썰어 짠맛을 뺀 다음 갖은양념으로 무쳐 내거나 볶아내면 두고두고 맛있는 반찬이 된다.

산후조리를 해 주신다고 오셔서 딸만 둘이나 낳았다고 수술실에서 회복실로 돌아오기도 전에 고향으로 내려가신 시어머님은 그 이후에도 혹독하게 시집살이를 시켰다. 수박 한입 베어 물고 후루룩 뱉어내는 수박씨의 흩어짐 같은 시어머님의 잔소리에 이렇게까지 살아야 하나 고민하기도 했고, 그런 모습을 애써 이해해보려 온갖 사유를 하던 내 모습에 놀라기도 했다. 남편에게는 아무렇지도 않은 생활들이 유독 내게만 파도치듯이 꿀렁거리고 힘겨웠던 세월이다. (중략)

그 누름돌을 보면서 마치 어머님의 마음속 깊은 곳의 어떤 서러움 같은 것을 꼭꼭 눌러 담아 보내 주신 것 같아 마음 한쪽이 싸해 온다. 겨우내 쌓인 눈이 녹고 난 뒤의 질척거림 같은 감정들이 문득문득 살아나기도 하지만 봄날의 따뜻하고 눈이 부신 햇살 아래서 차츰 건조하게 말라갈 것이라고 믿는다. 이렇게 택배 상자를 열어 펼쳐놓고 보니 마음속에만 있으면 몰랐을 어머님의 마음과 온갖 잔소리가, 사랑이라는 묶음으로 얼기설기 담겨 온 것 같아 애틋함이 어른거린다.

－「대체 무엇이 들었길래」 중에서

젊은 날 시어머님과의 어려움을 나이 들어 노인이 보내온 택배 상자를 앞에 놓고 그 어른의 입장이 되어보는 모습은 바로 이 작가의 역지사지를 극명하게 보여주는 대목이 아닐 수 없다. 시어머님의 입장을 이해하는 역지사지에 더하여 농익은 시부모에 대한 깊은 사랑이 감칠맛 나게 전해지는 따뜻한 수필이다.

「외나무다리에서」도 역지사지의 좋은 수필이고 「위층 여자 아래층 남자」는 현 세태를 잘 반영한 작품이면서 유머 감감이 있는 수필이다. 이외에도 여러 작품 속에 고르게 녹아 있는 상대방에 대한 이해는 신영애 수필에서 빠지지 않는 덕목이라고 생각한다. 수필가 신영애는 대부분의 작품에서 겸허하게 상대방의 입장을 먼저 헤아리는 글을 쓰는 작가이다. 부모님을 회고할 때도 항상 그 안에 사랑과 격려가 가득 차 있음을 꿰뚫고 모든 것을 좋은 보약으로 받아들이는 긍정의 수필가이다. 자신이 자녀들을 대할 때나 사회생활에서 사람들을 대할 때 항상 그의 자세는 역지사지이다. 그런 생활 태도가 그의 수필을 향기 나는 글로 만들고 또한 그런 문학세계가 그의 전문인의 삶에서도 빛을 발하는 것이다.

그는 희망을 노래하는 수필가이다. 세상만사를 역지사지의 눈으로 보기에 가능한 일이다. 자신에게 불쾌하게 하는 사람에게도 그는 한 발짝 물러서서 이해시키고 자신을 먼저 다독인다. 그런 것이 그의 작품세계이다. 그래서 그의 글은 아취가 있고 여운이 길게 남는다. 그가 노래하는 희망은 그저 감성적 표현을 동원한 일반적인 희망이 아니라 그의 전문직과 연결된 일의 경험이나 어렵게 세파를 이겨낸 추억, 아니면 할 수 있다는 생각으로 열심히 했으나 결과가 시원치 않다고 느꼈을 때 엄습하는 좌절감과 직접 부딪혀 싸워서 이긴 아픈 경험들을 적절히 불러내어 거기에 희망을 노래한다. 그런 속에서 삶에 대해 하는 만큼 보답이 주어지는 것이 인생이더라고 느끼는 자신의 생각을 소신껏 펼쳐 보이며 아름답고 유익한 수필을 써 내려간다.

> 쥐구멍에라도 들어가고 싶을 만큼 두렵고 떨렸던 내 어린 시절의 단편적인 기억은, 시간이 흐르면서 기쁨과 슬픔, 아픔들이 더해져 추억이라는 멋진 선물로 돌아온 것 같다. 기금 이 순간의 어떤 기억들이 먼 훗날 나를 추억하는 소중한 선물이 되기를 기대해 보면서 오늘도 힘차게 하루를 출발한다.
>
> –「기억과 추억 사이에서」중에서

초등학교 시절 여러 가지 일들을 뽑혀서 할 때 떨리고 힘들었지만, 그것이 오늘의 나를 있게 한 초석이라 믿고 오늘 하루도 힘차게 출발한다는 이 글은 작가가 일상 속에서 희망을 노래함을 보여주는 수필이다.

이 외에도 그는 자녀 사랑을 말함에 있어서도 희망을 속삭이는 수필을 쓴다.

신영애라는 작가가 세상을 이기는 일, 아니 세상을 잘 살아내며 함께 즐기는 비결은 매사를 긍정적으로 보는 지극한 자긍심이다. 자신의 존재에 대한 확신과 소명감이 가져다주는 자신감은 신념이 되고 그 신념으로 무장한 마음은 곧 자긍심이 되어 그를 지켜주는 수호신이 되는 것이다. 그는 이런 삶의 태도와 자긍심의 원천을 아버지에게서 찾는다. 아버지와의 추억이 대부분의 사람들처럼 어렵다거나, 아니면 가난한 시대를 살아온 가엾은 아버지, 어려운 가운데 자식을 위해 헌신했는데 자신은 자식으로서 보답하지 못한 회한 등에 천착하지 않고 당당한 아버지, 바쁜 중에도 자식들을 직접 챙겨준 따뜻한 아버지를 추억하면서 그렇게 받은 원동력이 오늘의 자신을 있게 했다고 회고한다. 지금의 자신이 이룬 성취는 아버지의 응원 덕이라는 작가의 회고는 아름답고 장쾌하기까지 하다. 자신의 그런 경험을 이어서 자식들에게도 전수하고 싶다는 희망과 이미 그렇게 잘 자라준 아이들에 대한 감사로 삶은 살아볼 만한 것임을 은유적으로 노래한다.

요즘처럼 겨울로 가는 길목이면 아버지는 꽁치를 한 상자 사 오셔서 마당 가운데 작은 드럼통을 두고 장작불을 피운 뒤 그 위에 석쇠를 얹어 꽁치를 구우셨다. 굵은 소금을 탁탁 솜씨 좋게 뿌려서 구우면 그 맛이 세상 부러울 것이 없을 정도였다. 그 고소한 냄새가 온 마을에 퍼지면 어느 집에서는 아저씨가 안방 문을 열고 "한잔할까?" 하고 아버지에게 말씀하셨고, 아버지는 얼른 건너오라고 손짓하셨다.

그렇게 잔뜩 구워서 이웃집으로 두루두루 나눠주고, 먹다 남은 꽁치는 뼈째 다져서 생선 동그랑땡을 만들어 주셨는데 어묵 같지만 절대 어묵 같지 않은 최고의 맛이었다. 친구들과 놀다가 그 동그랑땡이 생각나면 엄마 몰래 들고 나가 나눠 먹었는데, 그런 나를 친구들은 엄청나게 부러워했다.

-「맛있는 시간들」 중에서

어린 시절 푸근하게 동네가 함께 나누어 먹던 시절과 아버지의 넉넉한 인품을 함께 보여주는 이 작품 속에서 그는 아버지의 진면목으로 이런 모습을 꼽으며 변해버린 세태를 아쉬워한다.

어린 시절 아버지가 딸에게 보낸 애정 어린 수필들 속에서 작가는 자신의 아이들에게도 그런 부모이고 싶다면서 그래서 아이들이 잘 자라준 것 같고 앞으로도 잘할 것이라는 희망을 써 나간다.

신영애는 나눔과 베풂의 삶을 비유와 은유로 담아내는 수필을 유연하게 쓴다. 가족의 일상을 통해 자신의 주제를 담아내는 솜씨는 가족애를 그려내는 것에서 머물지 않고 그 가족의 삶이 바로 베풂과 나눔을 실천하고 있음을 은연중에 내비치면서 그런 일들이 오늘의 행복을 만들어 준 1등 공신임을 은유와 비유로 그려내고 있다. 그의 나눔과 베풂은 비단 물질에 의한 것만이 아니다. 삶의 전 여정에서 자신에게 누군가가 무엇을 해 주기를 바라기보다 자신이 누군가에게 어떤 형태로든 도움이 되었으면 좋겠다는 것이 몸에 배어 있다. 작품 속에서 그런 작가의 면모를 발견할 때 독자는 따뜻한 가슴이 느껴지며 깊은 감동을 받기 마련이다.

아낌없이 베푸는 나무 같은, 함께 기뻐하고 즐거워하는 엄마가 되고 싶다. 내 가지가 필요하고 내 열매를 먹고 자라고, 내 그늘에서 쉬다가 그의 마지막 밑동마저 편히 쉴 수 있도록 기꺼운 마음으로 내어 줄 수 있다면 좋을 텐데. 자신의 인생길 위에서 꿈을 펼치면서 가다가 힘들고 지칠 때 나를 찾아와 마음의 위안을 얻고, 편히 쉬어 갈 수 있다면 참 좋겠다.

자식은 낳은 순간부터 기다림의 연속이라고 하지만 어쩌면 아이들을 낳아 키우는 동안 때로는 아이들이 내게 나무 같은 존재였다. 행복한 날은 더 큰 기쁨으로 나를 들뜨게 하고, 힘들고 지칠 때면 굳세게 일어날 힘과 용기를 주는 그런 존재, 생각만으로도 가슴속에 따스함이 솟아나면서 아쉬움 없이 노력하고픈 그런 존재다. 오늘은 아이에게 카톡 대신 편지를 써야겠다. 사랑한다고.

–「아낌없이 주는 나무」 중에서

어린 시절 마당에 있던 고욤나무에 얽힌 추억을 불러내어 무한히 베푸는 그런 나무가 되고 싶다는 소망을 담아 진한 모성을 그려낸 수작이다.

신영애의 수필은 자기 성찰에 관한 글이 많다. 자신을 돌아보며 이웃과 자식들에게 도란도란할 말을 전한다 할 수 있다. 역지사지와 맥을 같이 하는 것이 성찰인데 그는 직장의 선배로서도 자신이 잠시 몸담았던 유치원에서 많은 사람과의 관계 속에서도 끊임없이 성찰을 통해 주제를 형상화해 나가고 있다.

우리는 살아가면서 많은 부분을 비교하고 상처받고 슬퍼하며 살기도 한다. 남들보다 늦다고 해서 슬퍼하거나 조급해하지 않았으면 한다. 언제 가려나 하던 달팽이도 욕실에서 나와 거실 한가운데까지 걸어가기도 하지 않던가. 각자 자기만큼의 보폭이 있고 거리가 있는 것이다. 그 거리를 보폭에 맞춰 성실하게 걸어가면 되는 것이다. 함께 가는 길이라면 기다려 주고 격려해 주면서 걸어가다 보면 언젠가 우리가 원하는 곳에 다다르지 않을까 생각한다. 좀 늦으면 어떤가. 허겁지겁 바쁘게 걸어온 인생을 뒤돌아보니 숨이 가빴을 내가 보인다. 조금만 천천히 걷자. 그리고 함께 가자.

-「달팽이 걸음」 중에서

우연히 기르게 된 달팽이에게서 큰 교훈을 찾아낸 작가의 시각을 눈여겨 볼만하다. 또 「작은 배려」에서는 모래 한 알을 통해 삶에서 누군가를 위한 배려에 대한 성찰을 그려내고 있다.

가족사랑은 수필에서 가장 많은 글감일지도 모른다. 신영애는 가족사랑을 치밀한 구성으로 짜임새 있게 써 내려감으로써 진부함과 지루함의 늪에 빠지지 않게 잘 그려냈다. 부모에게는 한없는 감사와 신뢰, 자식들에게는 뿌듯함과 자존감에 대한 감사, 그리고 늘 희망을 안겨 주는 그런 수필을 쓰고 있다. 남편에 대한 사랑과 신뢰는 「두부 한 모면 충분해」에서 엿 볼 수 있으며 작품 곳곳에 자연스레 스며있다.

지난여름 남편 생일날 아이들은 생일 선물로 운동화를 선물했다. 해외 배송 상품이어서 날짜를 미리 계산했어야 하는데 깜박하는 바람에 생일이 한참 지나서야 받았다. 한눈에 봐도 비싸고 튼튼해 보이는 멋진 운동화였다. 그런데 웬일인지 정작 남편은 그 운동화를 신발장에 고이 올려두기만 할 뿐 신을 생각이 없는 듯했다. 애들은 자기들이 선물한 운동화를 마음에 들어 하지 않는 듯하다며 걱정했다. "왜? 신발이 마음에 안 들어? 내가 신을까?" 슬쩍 물었더니 어림없는 소리 생각하지도 말라는 표정이다. 요즘은 그 운동화만 신고 다닌다.

부모는 언제나 자식에게 더 주지 못해서 마음 아프고, 자식 주머니에서 나온 모든 것은 아깝고, 소중하고, 귀하다는 것을 부모가 되고서도 한참 후에야 어렴풋이 알게 되었다. 어릴 적 그렇게 갖고 싶었던 빨간 운동화를 사 주셨던 엄마에게, 내가 사 드린 신발도 그런 의미가 아니었을까. 오늘따라 투병 끝에 갑자기 돌아가신 엄마가 무척 그립다.

–「빨간 운동화」 중에서

어린 시절 갖고 싶은 운동화를 사달라는 말을 못 한 채 눈독만 들이는 것을 알고 어머니가 사 주셨을 때의 기쁨을 추억하며 어머니에게 신발을 사드렸던 일과 오늘 남편의 생일 선물 운동화의 이야기를 감칠맛 나게 엮은 작품이다. 부모 자식 간의 사랑을 담담한 필치로 가슴 찡하게 그려낸 따뜻한 수필이다.

역지사지, 성찰, 사랑, 나눔, 베풂 등의 시각으로 울림 있는 수필을 빚어낸 신영애의 수필은 가을밤 가슴을 촉촉하게 적시며 등을 따뜻하게 감싸 안을 것이니 일독을 권하는 바이다.

국제PEN한국본부
창립70주년기념 산문선집 10

달빛 소나타

발행일 2023년 11월 25일

지은이 신영애

발행인 강병욱
발행처 도서출판 교음사

03147 서울 종로구 삼일대로 457 수운회관 1308호
Tel (02) 737-7081, 739-7879(Fax)
e-mail : gyoeum@daum.net
등록 / 제2007-000052호

* 잘못된 책은 바꿔 드립니다. 값 13,000원

ISBN 978-89-7814-950-1 03810